Les Parfums magiques

par E. N. SANTINI DE RIOLS

Odeurs, onctions, fumigations, exhalaisons, inhalations, en usage chez les anciens, dans les temples, pour consulter les dieux dans le sommeil sacré, ou en particulier ; au moyen-âge, dans différents buts; actuellement, dans les cérémonies magiques, etc.

PARIS

L. GENONCEAUX & Cⁱ, éditeurs
place Saint-Michel, 4

Les Parfums magiques

129

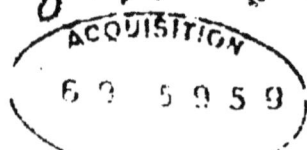

EN PRÉPARATION :

Les nombres magiques
Les pierres magiques

E.-N. SANTINI DE RIOLS

Les
Parfums magiques

ODEURS, ONCTIONS, FUMIGATIONS, EXHALATIONS
INHALATIONS, EN USAGE CHEZ LES ANCIENS, DANS LES TEMPLES
POUR CONSULTER LES DIEUX
DANS LE SOMMEIL SACRÉ, OU EN PARTICULIER;
AU MOYEN AGE DANS DIFFÉRENTS BUTS;
ACTUELLEMENT DANS LES CÉRÉMONIES MAGIQUES, ETC,

LE NONCE HAVLT

PARIS
Librairie Française
L. GENONCEAUX & Cⁱᵉ, ÉDITEURS
4, PLACE SAINT-MICHEL, 4

MCMIII

I

La matière ; ses quatre états, d'après *Crookes*. Vitesse de translation de la matière, à son état d'extrême division. Dimensions de l'atome. Faculté de pénétration de la matière, à son état de division extrême.

1. — Tout, dans la nature, est dans un perpétuel mouvement ; ce qui se passe sous nos yeux dans le monde des astres a lieu également dans le monde infinitésimal des atomes constituant la vulgaire matière, un métal, un caillou, un morceau de verre, une plante ; et si nous possédions un microscope grossissant quelques milliards de fois en diamètre, nous verrions l'atome, la dernière matière à l'état ultra-gazeux, parcourir l'espace à raison de plusieurs centaines de mètres par seconde, c'est-à-dire à la vitesse du boulet sortant de la bouche à feu.

2. — Or, le *parfum* des objets, métaux, miné-

1

raux ou plantes, ou animaux, est constitué par le
corps lui-même à l'état de tension extrême à sa surface ; il est constitué par la volatilisation continuelle
de cette surface même, où la cohésion ne s'exerce
pour ainsi dire plus ; et cela est si vrai, que les
chiffres et autres indications gravés sur la cuvette
d'une montre impriment leur image sur le métal
du boîtier, qui en est distant de deux à trois dixièmes
de millimètre ; que, dans des machines où des pièces
sont aussi placées à de très petites distances les unes
des autres, le même phénomène se produit ; que
des gravures encadrées reproduisent leur image sur
le verre du cadre, sans aucun contact (1).

Il y a donc autour des corps une *aura* (**17**)
formée de leurs matières constitutives à l'état de
division extrême, matières agissant les unes sur les
autres ; autour des métaux comme autour de la
fleur : car les métaux ont leur odeur, et celle du
plomb n'est pas la même que celle du cuivre ou du
zinc.

Mais avant d'aborder l'étude des *parfums*,
exhalaisons, *odeurs*, *émanations*, etc., l'infinie

(1) *Comptes rendus de l'Académie des Sciences*, 1842,
t. XV, pp. 125, 448, 450 et 855.

ténuité de leurs particules, leurs actions chimiques, leurs impressions produites sur les animaux et en particulier sur l'homme, leur faculté extrême de diffusion, et même, parfois et dans des circonstances spéciales, leur transport à des distances parfois considérables, leur rôle dans l'antiquité et au moyen âge ; il nous paraît nécessaire de rappeler les données générales que nous possédons sur la MATIÈRE : *indocti discant*, disait le président Hénault, *ament meminisse periti*.

3. — *Sur la constitution de la matière et sur l'état ultra-gazeux.* — C'est à Crookes que l'on doit ce dernier qualificatif de la matière, et voici comment il s'en explique (1) :

1º *Solides.* — Ils se composent de molécules discontinues, séparées les unes des autres par des intervalles relativement grands, on peut même dire énormes si on les compare au diamètre du noyau central que nous appelons molécule. Ces molécules, formées elles-mêmes d'atomes, sont régies par certaines lois (*forces*), entre autres l'attraction et le mouvement. L'attraction, quand elle s'exerce

(1) *Comptes rendus*, 1880, t. XCI, p. 108.

à des distances sensibles, s'appelle *gravitation* ;
elle prend le nom d'*adhésion* ou de *cohésion*,
lorsque ces distances sont moléculaires.

Cette force de cohésion est contrebalancée par
les mouvements propres des molécules elles-mêmes,
mouvements qui, variant en raison directe de la
température, augmentent ou diminuent d'étendue
suivant que la température s'élève ou s'abaisse. Les
molécules des corps solides ne se déplacent pas ;
elles conservent une adhésion, et leur position reste
fixe dans leur centre d'oscillation.

Il s'ensuit que l'état solide, que nous avons l'habitude de considérer comme l'état par excellence de
la matière, n'est que l'effet produit sur nos sens
par les mouvements des molécules simples sur
elles-mêmes.

2° *Liquides*. — La force de cohésion y est très
réduite, et l'adhésion, ou la fixité de position des
centres d'oscillation des molécules est anéantie. Les
liquides étant artificiellement chauffés, les mouvements intermoléculaires augmentent en proportion
de l'élévation de température, jusqu'à ce qu'enfin
la cohésion soit vaincue ; alors les molécules

s'échappent dans l'espace avec une vélocité inouïe (4).

3° *Gaz*. — Leurs molécules s'envolent dans toutes les directions imaginables avec des collisions continuelles, et des vitesses rapides variant constamment, si l'espace libre qu'elles parcourent est suffisamment étendu pour qu'elles soient affranchies de la force de cohésion. Etant libres de circuler, les molécules exercent une pression dans toutes les directions, et, si la *gravitation* n'existait pas, elles s'envoleraient dans l'espace infini. L'état gazeux se maintient tant que les chocs moléculaires continuent à être presque infinis en nombre, et d'une régularité inconcevable.

Le même raisonnement s'applique à deux ou plusieurs molécules contiguës, pourvu que leurs mouvements soient arrêtés ou contrôlés de telle sorte, qu'aucun choc entre elles ne soit possible ; et en supposant même que cette agrégation de molécules simples, hors d'état de s'entrechoquer, soit transportée en bloc d'une partie de l'espace à une autre, le mouvement ainsi produit ne saurait leur conférer la propriété de gaz. Un vent moléculaire peut toujours être considéré comme représentant des molécules simples, de même que la décharge d'une mitrailleuse consiste en projectiles isolés.

4° *Etat ultra-gazeux* ou *radiant*. — La matière présente alors le résultat définitif de l'expansion gazeuse. Par suite d'une grande raréfaction, le parcours libre des molécules est rendu tellement long que les chocs dans un temps donné peuvent être négligés par rapport aux non-rencontres. Dans ce cas, la molécule moyenne peut obéir à ses mouvements et ses lois propres sans entrave ; et si la distance moyenne des chocs est comparable aux dimensions du contenant, les propriétés qui constituent la gazéité se réduisent au minimum : la matière passe alors à l'état ultra-gazeux.

Mais le même état de choses se produirait si, par un moyen quelconque, nous pouvions agir sur une certaine quantité de gaz, et amener par quelque force étrangère de la régularité dans les collisions désordonnées de ses molécules, en les contraignant à prendre un mouvement rectiligne méthodique.

En conséquence, l'état gazeux dépend avant tout de collisions.

Un espace donné contient des milliers et des milliers de molécules qui se meuvent rapidement *dans toutes les directions*, chaque molécule ayant des milliers de rencontres par seconde avec les autres. Dans un tel cas, la distance moyenne des chocs des molécules entre elles est excessivement minime (4), si on la compare aux dimensions du réceptacle qui les contient, et l'on peut observer les quantités qui constituent l'état gazeux ordinaire de la matière, lequel dépend de collisions constantes.

Je considère les molécules comme présentant les conditions de la matière radiante, dès que les mouvements irréguliers qui constituent l'essence de l'état gazeux ont été remplacés par un mouvement rectiligne.

Ces données nous conduisent à une autre considération bien curieuse : la molécule, intangible, difficilement concevable, *est la seule vraie matière*, et ce que nous appelons matière n'est, ni plus ni moins, que l'effet produit sur nos sens par le *mouvement des molécules*, ou, comme le dit Joh Stewart Mill, « une possibilité permanente de sensation ». Il n'y a pas plus de raison pour représenter comme matière l'espace parcouru par des molécules en mouvement, qu'il n'y en aurait à considérer comme du plomb l'air traversé par une balle de fusil.

Ce point de vue une fois admis, il s'ensuit que la matière (*celle qui apparaît à nos sens*) n'est qu'un mode de mouvement. A la température de zéro absolu, tout mouvement intermoléculaire disparaîtrait, et, s'il est vrai qu'il resterait encore *un je ne sais quoi* conservant des propriétés d'inertie et de poids, la matière, telle que nous la connaissons, cesserait d'exister (CROOKES).

4. — On a soumis aux opérations les plus délicates du calcul transcendant, dit à son tour M. Ditte (1), les diverses évaluations de la vitesse de translation des molécules à l'état gazeux ou parvenues à l'état radiant, la trajectoire moyenne de ces molécules, leurs dimensions, et par conséquent le nombre de molécules contenu dans un volume donné. Les savants Joule, Regnault, Clausius, Maxwell, etc., ont fait à ce sujet des travaux extrêmement remarquables, où rien n'est laissé à l'imagination pure, et où tout, au contraire, est rigoureusement contrôlé.

(1) ENCYCLOPÉDIE CHIMIQUE, publiée sous la direction de M. Frémy ; 1882, t. I, pp. 844 et suiv.

Non seulement les particules des corps sont dans un état continuel de mouvement, mais encore les vitesses dont elles sont animées sont considérables. On est arrivé à déterminer cette vitesse dans les gaz, et on l'a trouvée du même ordre de grandeur que les vitesses possédées par les projectiles sortant d'une pièce d'artillerie à longue portée. On a, en effet, pour leur valeur à zéro, sous la pression de 760 mill. :

Air	485	mètres par seconde
Oxygène	461	—
Hydrogène	1848	—
Azote	492	—
Chlore	347	—
Protoxyde d'azote	504	—
Oxyde de carbone	620	—
Acide sulfureux	420	—
Gaz ammoniac	815	—

Les particules de l'air qui constituent notre atmosphère volent donc dans toutes les directions avec une vitesse d'environ 25 kilomètres par minute, et c'est parce qu'elles se meuvent dans tous les sens que nous n'en sommes affectés en rien, et que

1.

toutes maintiennent en équilibre les fluides de notre corps.

Ces éléments des gaz animés d'une grande vitesse frappent contre les parois des vases qui les renferment, contre tout ce qui est placé au milieu d'eux, et la succession de ces coups si rapides est précisément la cause de ce que nous appelons *la pression de l'air*, des gaz ou des vapeurs. Si, pour une vitesse donnée des particules, leur nombre varie, comme chacune d'elles frappe, en moyenne, les parois du vase le même nombre de fois avec une impulsion de même étendue, elle concourt pour une part égale à la pression totale. La pression dans un vase est donc proportionnelle au nombre des particules qui frappent ses parois, c'est-à-dire à la quantité de gaz qu'il contient; ainsi, le fait du *mouvement particulaire* nous conduit à l'explication dynamique complète de la *loi de Mariotte* (1).

Mais ces particules ne frappent pas seulement contre les parois qu'elles rencontrent ; en raison

(1) Les volumes occupés par une même masse de gaz, à température constante, sont inversement proportionnels aux pressions.

de leur nombre immense et de ce fait qu'elles vont
dans toutes les directions, il est certain qu'elles ne
peuvent éviter de s'entre-choquer. Or, toutes les
fois que deux particules se rencontrent, elles chan-
gent toutes deux de trajectoire et partent dans des
directions nouvelles ; de sorte que, malgré des
vitesses considérables, elles peuvent mettre un
temps fort long avant de se trouver à une grande
distance de leur point de départ.

C'est ainsi que, lorsqu'on débouche un flacon
d'ammoniaque, les particules de ce gaz s'échap-
pant avec une vitesse de 815 mètres à la seconde,
l'odeur en devrait être instantanément perçue à
cette distance ; mais, comme chaque particule est
heurtée de tous côtés par celles de l'air, et qu'elle
subit environ *8 milliards* de ces collisions par
seconde, sa trajectoire est singulièrement modifiée.
Ce n'est plus une ligne droite, et l'on conçoit qu'une
particule puisse faire ainsi beaucoup de chemin
sans s'éloigner notablement de sa position initiale.

En s'appuyant sur la conductibilité calorifique
des gaz et sur leur frottement interne, on peut
évaluer *approximativement* le chemin moyen
que chaque particule parcourt entre deux chocs

consécutifs, dans un gaz maintenu à 0° sous la pression ordinaire de 760 mill. Ces chemins sont les suivants :

Oxygène...........	96	
Air..............	90	
Azote	89	millionièmes de mm.
Oxyde de carbone.	89	
Acide carbonique..	62	
Gaz ammoniac....	169	

A mesure que la température du gaz s'abaisse, il se produit un affaiblissement correspondant dans la force vive intérienre ; l'amplitude des vibrations diminue, et il se fait un rapprochement entre les deux particules moléculaires ; la vitesse décroissant de plus en plus, chaque particule n'aura plus que la force nécessaire pour parcourir une ligne courbe fermée, une orbe plus ou moins circulaire, plus ou moins petite, et le corps deviendra liquide, au moins dans sa masse générale, car les parties extrêmes, plus favorisées, conservent encore un peu leurs coudées franches, à la surface extérieure surtout (2), et elles pourront conserver ou acquérir très rapidement leur état gazeux : c'est ce qui explique le phénomène de l'évaporation, c'est-à-dire du passage de l'état liquide à l'état gazeux ; et l'on sait si cette transformation est rapide pour certains liquides, tels que l'éther, l'essence, le sulfure de carbone, etc.

5. — On a ensuite calculé les *dimensions* d'une particule, et l'on a trouvé que son diamètre ne doit pas être inférieur à un *cinq dix-millionième de millimètre.* $\left(\frac{5 \text{ mm.}}{10.000.000}\right)$

D'après les mêmes calculs, dans un centimètre cube de *gaz*, pris à la densité ordinaire, il y aurait 60.000.000.000.000.000.000.000 de molécules.

Pour les solides et les liquides, dit W. Thomp-'son (1), la densité variant entre 5 et 16.000 fois celle des gaz, le nombre de leurs particules dans un centimètre cube serait donc compris entre 3×10^{11} et 3×10^{16} ; d'après cela, la distance des centres de deux particules serait comprise entre 14 et 46 dix-millionièmes de millimètre.

Des considérations d'une autre nature, appuyées soit sur les phénomènes de diffusion, soit sur l'épaisseur des bulles de savon, permettent également

(1) *Revue scientifique*, 16 mars 1872.

de se rendre compte, jusqu'à un certain point, des dimensions des particules :

« Dans un centimètre cube de gaz quelconque, continue M. Ditte, à la température ordinaire et à la pression normale, il y aurait, d'après les savants dont il a été question plus haut, environ 19 millions de milliards de molécules ; dans les liquides et les solides *transparents,* la distance moyenne des centres de deux molécules contiguës serait comprise entre un dix-millionième et un deux-cent-millionième de millimètre. Enfin, Athanase Dupré admet que, dans un cube d'eau *d'un millième de millimètre de côté,* il y a plus de 125.000 fois un million de particules...

« Il faut bien considérer, toutefois, que ces résultats, relatifs aux dimensions et au nombre des particules, ne présentent pas le degré d'exactitude auquel on arrive dans la mesure des vitesses dont elles sont animées. »

6. — William Thompson, professeur à l'Université de Glascow, décrit ainsi la constitution intime des corps :

« Pour nous faire une idée de la manière dont les corps sont constitués, figurons-nous une *goutte de pluie* ou un *globe de verre* de la grosseur d'un pois, et supposons-le grossi jusqu'à égaler le volume de la terre... Ses atomes étant grossis dans la même proportion, la sphère immense ainsi obtenue sera composée de petites sphères plus grosses que des grains de plomb et plus petites que des oranges...»

Et ces petites sphères seront, ajoutons-nous, placées à d'immenses distances les unes des autres; en outre, comme chacune d'elles étant animée d'un mouvement vertigineusement rapide, nous aurons la reproduction exacte de ce qui se passe dans l'étendue des cieux, où les astres volent, animés d'inimaginables vitesses.

L'Univers entier ne serait-il qu'un corps unique, dont les étoiles ou soleils seraient les *molécules*, et les planètes les atomes?

7. — Et l'éther, ce fluide impondérable inventé pour occuper les espaces interplanétaires et expliquer la transmission du calorique et de la lumière, que devient-il dans tout cela?

Un fluide *impondérable* n'existe pas. Ce fluide, s'il existe, est *pondérable*, car ce n'est autre chose que de la matière à un tel état de division, qu'elle

est sur la limite de l'être et du non-être. C'est, du
reste, l'avis de Grove (1), et, pour rendre compte
de certains phénomènes, Faye lui-même avait été
amené à la conception d'un « *milieu résistant* »,
occupant l'immensité de l'étendue (2).

L'éther n'est autre chose que cette matière atomistique, réduite à son dernier degré de ténuité,
dont parle Salomon dans le livre de la *Sagesse*, et
dont Dieu créa, ou plutôt *réalisa* (ברא) le monde ;
car ברא ne signifie pas *créa de rien* ; on ne
trouve nulle part, dans les livres saints, que Dieu
créa le monde de rien : la version samaritaine traduit même ברא par *condensavit*, il *condensa* ; et
Salomon dit : *Non enim impossibilis erat omni-
potens manus tua, quæ creavit orbem terra-
rum* EX MATERIA INVISA (3), *immittere illis multi-
dinem ursorum aut audaces leones* : « Car il
n'était pas difficile à votre main toute-puissante,
QUI RÉALISA LE MONDE D'UNE MATIÈRE INVISIBLE, d'envoyer contre eux une multitude d'ours ou de lions
audacieux. »

1) *Corrélation des forces physiques*, traduction de l'abbé
Moigno ; Paris, 1867, in-8°.

(2) *Comptes rendus*, t. L.

(3) La Version des SEPTANTE dit *invisibilis et incomposita*.

Jusqu'où s'étend cette matière invisible ? Notre
monde n'est qu'une infime nébuleuse, noyée dans
le vaste univers ; nous voyons pourtant la lumière
émise par d'autres nébuleuses, et il est certain que
la lumière a besoin d'un véhicule vibratoire pour
nous parvenir, qu'on l'appelle *éther* ou *matière
atomistique*.

Mystère.

Dans tous les cas, la matière à l'état gazeux tra-
verse avec la plus grande facilité certains corps
plus ou moins poreux, et l'expérience suivante est
fort curieuse à ce point de vue :

. Avec une solution de bismuth dans l'acide nitreux,
o· peut faire une encre sympathique, absolument
invisible sur le papier où elle a servi à tracer des
caractères ; expose-t-on le papier aux émanations
d'une dissolution de foie de soufre (*polysulfure de
potassium ou de sodium*) ? Immédiatement les
caractères apparaissent en noir.

Ces émanations gazeuses sont si déliées et si ac-
tives, qu'elles peuvent produire leur effet à travers
un fort volume de papier ; on écrit sur une feuille,
que l'on place au commencement du livre, avec la
solution de bismuth ; à la fin du volume, contre la

couverture, on met une autre feuille de papier imbibée de la dissolution do foie de soufre : les émanations de cette dernière traversent l'épaisseur du
livre et vont impressionner les caractères tracés sur
l'autre feuille, qui paraissent en noir au bout de
quelque temps.

Que d'expériences de ce genre (et combien nombreuses et connues aujourd'hui !) à l'aide desquelles
il était facile jadis d'étonner le vulgaire et de lui
persuader l'existence d'un pouvoir occulte et ima-
ginaire chez ceux qui les pratiquaient ! Mais les
esprits élevés savaient à quoi s'en tenir à ce sujet,
et ils restaient impassibles devant ce qu'ils no pouvaient comprendre tout d'abord : « Quelque phé-
« nomène qui se présente à vous, dit Cicéron, il est
« de toute nécessité que la cause en soit dans la
« nature. Cherchez-en donc la cause et tâchez de la
« trouver, si vous pouvez. Si vous no la trouvez
« pas, soyez certain qu'elle n'en existe pas moins,
« parce qu'il ne peut rien se faire sans cause ; et
« toutes ces terreurs ou ces craintes que la nou-
« veauté de la chose aurait pu faire naître en vous,
« repoussez-les de votre esprit, en considérant
« qu'elles viennent de la nature (1). »

(1) CICERO, *De Divinatione*, lib. II, § 28, n° 60.

II

Parfums chez les anciens. — Usage immodéré qu'ils en faisaient. — Parfums sacrés chez les Hébreux. — Parfums chez les Grecs. — Falsification des parfums dans l'antiquité. — Parfums brûlés aux funérailles. — Gammes et accords des parfums. — *L'orgue des saveurs.* — Atmosphère de la femme ; parfum féminin : *aura feminea.* — Le *Cantique des Cantiques.* — La Sulamite *Abisag.* — L'impératrice romaine *Césonia.* — La fille *Baré,* valet de chambre, et les Tahitiens. — Influences magiques des émanations de la femme dans la période mensuelle. — *Aura* des plantes.

8. — Dans son *Histoire naturelle,* Pline nous parle de plusieurs des parfums en usage à son époque :

(*Livre* XII, *ch.* XVIII, § 1). — Là (*sur les frontières de l'Inde*) est aussi un arbrisseau épineux, de la grandeur du raifort ; la feuille ressemble à celle du laurier ; son odeur attire les chevaux, et cette plante priva presque Alexandre de sa cavalerie à son entrée dans cette province. Il lui en arriva autant dans la Gédrosie.

(*Livre* XXVI). — La feuille du nard est le principal ingrédient dans les parfums. Le nard est un arbrisseau (1) à l'odeur suave... Le prix des épis de nard est de cent deniers (2) la livre.

(XXX). — Les Minéens (*peuples d'Arabie*), les premiers, ont fait le commerce de l'encens, et ils en sont encore les agents les plus actifs ; de là vient que l'encens a été appelé *minéen*. Ce sont les seuls Arabes qui voient l'arbre de l'encens, et encore ne le voient-ils pas tous ; on dit que c'est le privilège de trois mille familles seulement, qui le possèdent par droit héréditaire ; que, pour cela, ces individus sont sacrés ; que, lorsqu'ils taillent ces arbres ou en font la récolte, ils ne se souillent ni par le commerce des femmes, ni en assistant à des funérailles, *et que ces observances religieuses* augmentent la qualité de la marchandise (3).

(XLI). — Le cinnamome... son prix était de

(1) *Valeriana Spica*, Rœm.
(2) 82 francs.
(3) L'encens de l'Inde provient d'un arbre de la famille des térébinthacées (*Boswellia thurifera*) ; mais on ne connaît pas l'arbre qui produit l'encens d'Arabie.

mille deniers (1), augmenté plus tard de moitié...

(XLIII). — La casia (2)...

(XLVI). — Le mirobolan (3)...

(XLVIII). — Le calamus odorant...

(LIV). — Le baume (4)...

Nous ne suivrons pas Pline dans sa nomenclature, ni dans ses indignations parfois puériles contre l'abus qui se faisait des parfums : la vieillesse perd facilement la mémoire de ce qu'elle pratiquait lorsqu'elle était la jeunesse.

9. — Remarquons toutefois que, vers la fin de la République et au commencement de l'Empire, on ne se contentait plus de se frotter de parfums une ou deux fois par jour, à l'heure de la toilette et des repas (5) ; Othon, qui n'était alors que le vil complaisant du maître dont il devait un jour posséder le trône, lui inspira sur ce point la délicatesse la plus efféminée, les raffinements les plus extraordinaires, et ce fut ainsi qu'il parvint à sa haute puissance :

(1) 820 francs.
(2) *Laurus casia,* la cannelle.
(3) Noix de ben, *moringa oleifera,* Lam.
(4) *Balsamodendron opobalsamum,* Linn.
(5) Sénèque, lettre LXXXVI.

il instruisit Néron à se parfumer jusqu'à la plante
des pieds (**13, 14**). Peut-être, après tout, Néron
puait-il des pieds. C'est une excuse. Les murs de
ses salles de bains furent aussi parfumés. Une telle
sensualité n'était pas particulière au chef de l'empire : on la trouvait aussi parmi les esclaves (1).
Elle s'introduisit même dans les armées ; on par-
fumait quelquefois ces aigles, ces drapeaux, qui
jadis n'étaient couverts que de la noble poussière
des champs de bataille (2).

10. — L'usage des parfums remonte d'ailleurs à
la plus haute antiquité, et les Romains, les Grecs,
etc., ne faisaient que suivre le courant.

Nous les voyons tout d'abord employés dans les
cérémonies religieuses, et c'est là surtout qu'ils
continuèrent à servir et qu'ils servent encore, quel
que soit le dieu ou quelle que soit la déesse que
l'on honore. Les Egyptiens en faisaient dans ce but
une énorme consommation ; les Hébreux, naturellement, suivirent les pratiques de l'Egypte, où ils

(1) Plutarque, *Vie de Galba.* — Pline, liv. XII, ch. XVIII;
XXXIII, ch. XVI.

(2) *Mémoires de l'Ac. des Inscriptions et belles-lettres,*
t. VII, 1824, p. 155.

avaient si longtemps vécu, avant que Moïse les en
retirât. Ce législateur donne, dans l'*Exode*, la composition de deux sortes de parfums ; l'un, destiné à
être offert à Dieu sur l'autel d'or ; l'autre, pour
l'onction du grand-prêtre et de ses fils, du tabernacle et de tous les vases destinés au service divin.
Tout homme qui se serait servi pour son usage
personnel de l'un ou l'autre de ces parfums, était
condamné à mort. Voici la composition de ces
aromates :

EXODE, XXX, 22. — Le Seigneur parla alors à
Moïse.

23. — Et il lui dit: Prends des parfums, le poids
de cinq cents sicles, de la *myrrhe* la première et
la meilleure ; la moitié moins de *cinnamome*,
c'est-à-dire le poids de deux cent cinquante sicles
de la canne aromatique ;

24. — Cinq cents sicles de *cannelle*, au poids du
sanctuaire, et une mesure de hin d'huile d'olive.

25. — Tu feras de toutes ces choses une huile
sainte pour servir aux onctions, un parfum composé selon l'art du parfumeur (*compositum opere
unguentarii*).

26. — Tu en oindras le tabernacle du témoignage et l'arche du testament,

27. — La table avec ses vases, le chandelier et tout ce qui sert à son usage, *l'autel des parfums,*

28. — Et celui des holocaustes, et tout ce qui est nécessaire pour le service et le culte qui doit s'y rendre.

. . . .

30. — Tu en oindras Aaron et ses fils, et tu les sanctifieras, afin qu'ils exercent les fonctions de mon sacerdoce.

31. — Tu diras aux enfants d'Israël...

33. — Quiconque en composera de semblable, et en donnera à un étranger, sera exterminé du milieu de mon peuple.

34. — Le Seigneur dit encore à Moïse : Prends des aromates, du *stacté* (1), de l'*onyx* (2), du galbanum (3) odoriférant, de l'encens le plus luisant, et que le tout soit du même poids.

35. — Tu feras du tout un parfum selon l'art du

(1) Myrrhe de la plus grande pureté ; extrait de myrrhe : les anciens parlent souvent du *stacté.*

(2) Gomme aromatique.

(3) *Idem.*

parfumeur, lequel, étant mêlé avec soin, sera très pur et digne de m'être offert.

36. — ...... Ce parfum vous deviendra saint et sacré.

37. — Vous n'en composerez point de semblable à votre usage, parce qu'il est consacré au Seigneur.

38. — L'homme, quel qu'il soit, qui en fera de semblable, *pour avoir le plaisir d'en sentir l'odeur*, périra du milieu de mon peuple.

Il n'était pas tendre, le Dieu de Moïse.

11. — Mais les Hébreux avaient une infinité d'autres parfums pour leur usage personnel, et on sait que la reine de Sçaba, lors de sa visite à Salomon, lui en apporta une telle quantité, que jamais, depuis cette époque, on n'en vit autant à Jérusalem. Les femmes et les hommes, indifféremment, se couvraient de parfums ; mais les femmes surtout ; et Judith, pour captiver les bonnes grâces d'Holopherne, — qu'elle se propose d'assassiner, — et pour mieux l'enivrer de son incomparable beauté (*beauté très mûre, il est vrai*), prend un bain et se parfume tout le corps. Voici la description que fait la Bible de sa toilette :

JUDITH, X, 3. — Elle se lava le corps, répandit

sur elle *un parfum précieux*, frisa ses cheveux et mit sur sa tête une mitre magnifique. Elle se revêtit des habits qu'elle portait au temps de son bonheur (1), prit une chaussure très riche, des bracelets, des lis d'or, des pendants d'oreille, des bagues, et se para enfin de tous ses ornements.

4. — Dieu même ajouta un nouvel éclat à sa beauté (2), parce que tout cet ajustement n'avait pour principe *aucun mauvais dessein*, mais seulement la *vertu* (?...). Ainsi le Seigneur augmenta

(1) Avant son veuvage; son mari était mort d'une insolation.

(2) Judith devait avoir, à cette époque, de 45 à 50 ans, comme on peut le conjecturer d'après le verset 28 du chapitre XVI, où il est dit qu'elle mourut âgée de 105 ans. Voilà pourquoi l'auteur oriental du livre biblique de JUDITH insiste sur cette incomparable beauté, exceptionnelle pour l'âge de cette femme (à 40 *ans, une Orientale est décrépite*), et due seulement au Seigneur, dit-il, pour le succès de l'entreprise de l'héroïne. Nous avons été à même, pendant un séjour de neuf ans dans la province d'Oran, en Algérie, de constater que la description de la toilette de Judith est absolument exacte; le samedi, toutes les juives d'une situation aisée, revêtent leurs plus beaux ornements, et ils sont absolument tels que les décrit la Bible.

Quant à ne voir *aucun mauvais dessein*, mais, au contraire, *de la vertu*, dans l'acte de Judith, c'est une question de *temps* et de *latitude géographique*.

encore sa beauté, afin de la faire paraître aux yeux
de tous dans un lustre incomparable.

12. — Chez les Grecs et les Romains, nous l'avons
déjà dit, on faisait des parfums un usage absolument
immodéré. Nous ne parlons pas seulement de ceux
que les fleurs exhalent, il ne s'agit ici que des parfums préparés, — *more unguentarii,* comme dit
la Bible.

D'après Athénée (livre I, ch. XV des *Deipnosophistes*), un seul des héros d'Homère est parfumé,
à la guerre de Troie : c'est le beau Pâris, qu'il nous
peint « tout brillant de parfums ». L'auteur grec n'a
sans doute pas lu attentivement l'*Iliade.* Il y aurait
vu (livre XXI) que dans la chambre (ou la tente)
d'Ulysse, il y avait des coffres remplis d'habits parfumés ; il ne s'est pas non plus rappelé cette magis-
trale description que fait le vieil aède de la belle et
majestueuse Junon, mère des Dieux et des hommes,
baignant son corps sculptural et le parfumant d'un
parfum à base d'ambroisie dont le palais d'airain
de Jupiter et l'Olympe sont embaumés. On ne pense
pas à tout.... « Elle ôta, dit Homère, avec de l'ambroisie, les impuretés qui souillaient son beau corps ;

ello so répandit ensuite sur touto la peau uno liqueur
d'ambroisie mélangéo d'aromates, et qui, répandue
dans la maison d'airain do Jupiter, exhala un parfum qui so répandit sur touto la terre et dans les
cieux (1). » Du resto, il convient, plus loin, do son
erreur (26).

Les Lacédémoniens chassèrent les parfumeurs de
Sparte, dit encore Athénée (livre XV, ch. 10),
ainsi que les teinturiers ; parco que les premiers
corrompaient les huiles, et que les seconds ôtaient
aux laines leur blancheur (2). Solon avait aussi dé-
fendu aux hommes, par ses fameuses lois, do ven-
dre des parfums : « mais à présent, dit Cléarque
dans le II⁰ livre de ses *Vies*, ce ne sont pas seulement des parfums, dont usent les hommes, en s'ef-
féminant, mais encore des couleurs, dont ils affectent de se frotter avec tant de passion » : — comme
font aujourd'hui encore les Indiens.

Saint Jérôme, comme avant lui les *Septante*,
dans leur traduction du texte hébreu de la Bible,

(1) *Odyssée*, chant VII.
(2) On voit que ces Lacédémoniens tant vantés n'étaient
que de véritables brutes. L'histoire de leurs ilotes en est,
d'ailleurs, un beau témoignage.

appelle *stacté* (σταχτή) la myrrhe, la myrrhe absolument pure ; Athénée donne lui-même cette explication (livre XV, chap.10) : « on a fait *myrrha* et *smyrna*, la myrrhe, chez les Eoliens, parce que la plupart des parfums se préparaient avec la myrrhe ; la *stacté* n'est même autre chose que de la myrrhe pure. »

Voici les principaux parfums des anciens et leur origine, d'après Héraphile (*Traité des parfums*), cité par l'auteur grec : « Celui d'*iris* est excellent en Elide et à Cysique ; celui de *rose* est le plus odorant à Phasélis, à Neapolis (*Naples*) et à Capoue ; celui de *safran* à Soli de Cilicie et à Rhodes ; celui de *nard*, à Tarse ; celui d'*œnanthe*, à Chypre et dans l'Adramytte ; celui de *marjolaine*, à Coos et à Mélos ; quant à celui de *troène*, on préfère le produit d'Egypte ; le *métopion* et le *mendésion* se font de même excellents en Egypte ; le métopion se fabrique avec l'huile extraite des amandes amères. »

Théophraste, également cité par Athénée, dit dans son *Traité des odeurs* : « On compose des parfums avec des fleurs, tels que ceux de *rose*, de *giroflée*, de *lis*, autrement appelé *susin* (lis) ; celui de *sysimbrion* et de *serpolet* ; on fait

2.

aussi celui de *lis* en Chypre ; il est fort bon dans l'île d'Egine et dans la Cilicie. Ceux de *myrthe* et d'*œnanthe* se font avec les feuilles de la plante. L'œnanthe croît dans les montagnes, en Chypre, et y a beaucoup d'odeur. Ceux d'*iris* et de *nard* se font avec les racines, de même que le parfum de *marjolaine*, en y mettant du costus (espèce de gingembre (1). »

13, — Voici comment Antiphane, dans le même ouvrage, décrit les divers parfums affectés à chaque partie du corps:

« Elle se lave, dans un bassin plaqué en or, les pieds et les mains avec du *parfum d'Égypte ;* pour ses joues et ses seins, elle en prend *de Phé-nicie ;* pour ses bras, elle se sert de *menthe crépue ;* pour ses sourcils et ses yeux, de *marjolaine ;* pour ses genoux et son cou, de *serpolet* (2). » — Il y a là de quoi faire rêver bien des Parisiennes...

14. — Les parfums les plus chers servaient parfois à la toilette des pieds, Céphisodore dit, dans son *Trophonius :*

A. — Ensuite, ma chère Xanthia, achète-moi

(1) ATHÉNÉE, livre XV, ch. 12.
(2) ANTIPHANE, *Les Thoriciens.* — ATHÉNÉE, *ibidem.*

du parfum d'iris, pour m'en frotter le corps ; ajou-
tes-y de celui de rose ; et, outre cela, prends aussi
du baccharis pour m'en frotter les pieds...

B. — Maroufle!... du baccharis pour tes pieds ?...
Infâme coquin! attends un peu! je vais t'acheter
du baccharis !...

Alexandre dit, dans son *Protésilas* : « Du parfum
de chez Péron, cet Egyptien si cher, qui en donna
cependant hier à Ménalope, et avec lequel celui-ci
frotte les pieds de Callistrate (1). »

Dans son livre XIII (*Histoire naturelle*), Pline
parle des arbres et des arbrisseaux dont les odeurs
sont *précieuses*, dit-il : « Chacune était en soi
merveilleuse ; le luxe s'est plu à les mélanger et à
faire de toutes une seule odeur ; c'est ainsi qu'ont
été inventés les parfums. Quel en est l'inventeur?
On ne le dit pas. Il n'y en avait point au temps de la
guerre de Troie (12). On n'employait pas alors l'encens dans les sacrifices ; les cèdres seuls et les ci-
tres (2) envoyaient la fumée de leurs branches se
répandre en nuages au-dessus des victimes. Cependant déjà le suc des roses était trouvé : en effet, il

(1) ATHÉNÉE, *ibid*.
(2) *Thuya articulata*, Linn.

est mentionné dans Homère comme donnant du prix à l'huile (1), etc., etc. »

Suit une interminable nomenclature des parfums et de leur *falsification* par d'honnêtes commerçants. Quelques exemples entre mille :

On falsifie le *nard* avec la plante appelée *pseudonard* (2), qui vient partout, dont la feuille est plus épaisse, etc. On le falsifie encore avec sa racine que l'on mêle, pour en augmenter le poids, avec la gomme, l'écume d'argent (3), l'antimoine, le souchet ou l'écorce de souchet... A côté du nard des Gaules croît toujours une herbe nommée *hirculus* (4), à cause de son odeur forte et semblable à celle du bouc ; on s'en sert surtout pour le falsifier (5).

... On falsifie l'*amomum* avec des feuilles de grenadier et une solution de gomme ; il se colle à ces feuilles et on le roule en forme de grappes (6).

(1) Il y avait donc des parfums en Grèce, du temps de la guerre de Troie, comme nous l'avons établi au § 12.

(2) *Allium victorialis,* Linn.

(3) Litharge.

(4) Petit bouc.

5) PLINE, livre XII, ch. 26.

(6) PLINE, livre XII, ch. 28.

(*A propos de l'encens*)... La forêt où on le re-
cueille, divisée en lots déterminés, est à l'abri des
déprédations, grâce à la probité mutuelle ; personne
ne garde les arbres incisés, personne ne vole son
voisin. Mais, certes, à Alexandrie, où l'on sophis-
tique l'encens, les laboratoires ne sont jamais suffisamment gardés : *on appose un cachet sur le
caleçon des ouvriers : on leur met un masque
sur la tête ou un réseau à mailles serrées ; on
ne les laisse sortir que nus...* Chez nous, on falsifie l'encens avec des larmes de résine blanche qui
ressemblent beaucoup à l'encens (1).

... On falsifie la *myrrhe* avec le suc épaissi du
lentisque, avec la gomme ; pour l'amertume, avec
le suc du concombre sauvage ; pour le poids, avec
l'écume d'argent (2). Mais la sophistication la plus
perfide se pratique avec la myrrhe de l'Inde (3).

... Le mastic de Chios vient, en forme de gomme,
du lentisque ; on le falsifie, comme l'encens, avec la
résine commune (4).

(1) PLINE, livre XII, ch. 32.
(2) Litharge.
(3) PLINE, livre XII, ch. 36.
(4) *Ibidem.*

... On falsifle le baume (1) avec l'hypericum(2) de Petra, falsification qui se reconnaît à ce que la graine d'hypericum est grosse, vide, longue, sans odeur, et d'un goût de poivre (3).

... On falsifle le styrax avec de la résine de cèdre ou de la gomme, d'autres fois, avec du miel ou des amandes amères ; tout cela se reconnait au goût (4).

15. — Les anciens étaient persuadés que les parfums disposaient les dieux à écouter les vœux qu'on leur adressait dans les temples, où l'encens et d'autres aromates brûlaient sans cesse : cinq fois par jour, les disciples de Zoroastre mettaient du bois et des parfums dans le feu sacré qui brûlait sur ses autels. Mais parfois — toujours même — comme nous le verrons plus loin (**28, 44**), ces parfums servaient à dissimuler les émanations de diverses substances, considérées comme *magiques*, et destinées à agir puissamment sur le moral et le physique des fidèles qui venaient consulter les dieux ou chercher un remède à leurs maux.

(1) *Balsamodendron opobalsamum*, Linn.
(2) Espèce de mille-pertuis.
(3) PLINE, liv. XII, ch. 54.
(4) *Ibidem*, ch. 55.

Nous avons vu que Moïse, dans l'*Exode*, donne la composition de deux parfums sacrés (**10**); nous avons dit également que les Grecs raffolaient des parfums et, comme l'amphitryon de Boileau, *en mettaient partout* (**12, 13, 14**); c'était pour eux une émanation même de la divinité ; les dieux, en effet, croyait-on, ne se manifestaient aux mortels que précédés d'odeurs suaves, d'un parfum délicieux, — celui de la fameuse ambroisie et du nectar.

Les cérémonies de l'Eglise chrétienne sont également accompagnées de parfums, principalement de celui de l'encens ; et, aux grandes fêtes religieuses, comme aux grands mariages, le maître-autel est environné de fleurs et d'arbustes odorants.

Il en était de même chez les Romains, surtout quand il s'agissait de rendre les honneurs funèbres ; aux funérailles de sa belle et acariâtre épouse Poppée, qu'il venait de tuer d'un coup de pied dans le ventre, Néron brûla sur son bûcher plus de parfums que l'Arabie heureuse n'en pouvait fournir en une année (**1**).

Les vins étaient parfumés au moyen de violettes,

(1) PLINE, XII, ch. 18.

de roses et d'aromates divers, myrrhe, poix, etc. ; les cheveux, les mains, les pieds, les vêtements, les lits, les murailles, les enseignes militaires (9) et jusqu'aux *pots de chambre* (là, au moins, il y avait utilité) en étaient arrosés (1), dit saint Clément d'Alexandrie.

Enfin les cadavres eux-mêmes étaient embaumés, c'est-à-dire remplis et entourés d'aromates, pour les préserver le plus longtemps possible de la décomposition finale. Le Christ fut provisoirement déposé par Nicodème et Joseph d'Arimathie dans un linceul contenant cent livres de myrrhe et d'aloès.

16. — Nous ignorons si les anciens avaient classé les parfums dans un certain ordre, ordre mystique, bien entendu, se rapprochant du système de Pythagore pour les nombres au point de vue de la musique et de l'économie générale du monde ; mais cela a été fait de notre temps, au point de vue musical, par un savant parfumeur-chimiste anglais, Piesse (2). Il a réparti les parfums en deux gam-

(1) S. CLÉMENT D'ALEXANDRIE, *Pædagogus,* lib. II.
(2) PIESSE, *Des odeurs, des parfums et des cosmétiques ;* traduit de l'anglais par O. Réveil. Paris, 1865, in-12.

mes, clef de *fa* et clef de *sol*, suivant la force de leurs émanations ; nous donnons ces deux gammes, qui constituent au moins une curiosité.

« Dans la gamme ci-dessous, dit l'auteur, j'ai essayé de placer le nom de chaque odeur dans la position correspondant à son effet sur les sens. J'ai exprès choisi les odeurs qui sont plus spécialement employées dans la parfumerie ; mais je voudrais qu'il fût bien compris que toutes les odeurs, de quelque source qu'elles proviennent, peuvent être classées de cette manière.

« Je ne connais pas une seule odeur, dans un laboratoire de chimie, et elles sont assez nombreuses, à laquelle je ne puisse assigner sa place correspondante.

« Il y a des odeurs qui n'admettent ni dièzes ni bémols, et il y en a d'autres qui feraient presque une gamme à elles seules, grâce à leurs diverses nuances. La classe d'odeurs qui contient le plus de variétés est celle du citron.

« Lorsqu'un parfumeur veut faire un bouquet d'odeurs primitives, il doit prendre des odeurs qui s'accordent ensemble ; alors le parfum sera harmonieux. En jetant les yeux sur la gamme, on

3

DO — Rose.
SI — Cannelle.
LA — Tolu.
SOL — Pois de Senteur.
FA — Musc.
MI — Iris.
RÉ — Héliotrope.
DO — Géranium.
SI — Julienne et œillet.
LA — Baume du Pérou.
SOL — Pergulaire (pergularia edulis).
FA — Castoreum.
MI — Rotang.
RÉ — Clématite.
DO — Santal.
SI — Girofle.
LA — Storax.
SOL — Frangipane (plumiera alba).
FA — Benjoin.
MI — Giroflée.
RÉ — Vanille.
DO — Patchouli.

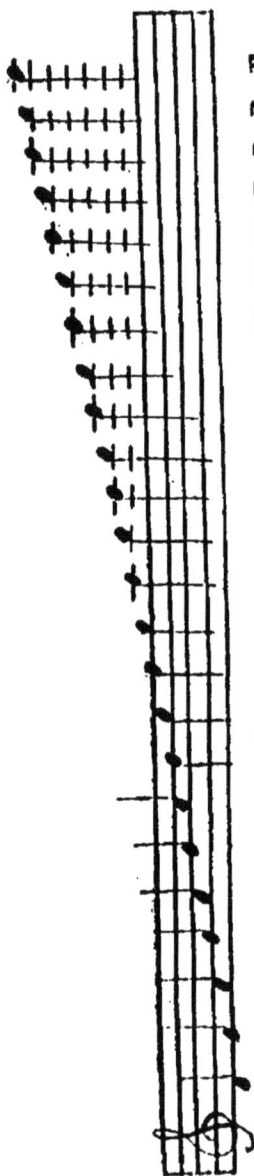

FA — Civette.
MI — Verveine.
RÉ — Citronnelle.
DO — Ananas.
SI — Menthe poivrée.
LA — Lavande.
SOL — Magnolia.
FA — Ambre gris.
MI — Cédrat.
RÉ — Bergamote.
DO — Jasmin.
SI — Menthe.
LA — Fève du Tonkin, ou Tonka.
SOL — Seringa.
FA — Jonquille.
MI — Portugal.
RÉ — Amande.
DO — Camphre.
SI — Aurone.
LA — Foin frais.
SOL — Fleur d'oranger.
FA — Tubéreuse.
MI — Cassie (Acacia).
RÉ — Violette.

verra ce que c'est qu'harmonie et discordance en fait d'odeurs : comme un peintre fond ses couleurs, de même un parfumeur doit fondre les aromes.

« Quand on fait un bouquet de divers parfums, il faut les mélanger pour que, rapprochés, ils fassent un contraste.

« Le pendant de la vanille est la citronelle.

« Les recettes suivantes donneront une idée de la manière de composer un bouquet selon les lois de l'harmonie.

BASSE.

Sol — *Pergulaire*.....
Sol — *Pois de senteur.*
Ré — *Violette*........ Bouquet *accord de* SOL
Fa — *Tubéreuse*.....
Sol — *Fleur d'oranger.*
Si — *Aurone*........

  DESSUS.

  BASSE.

Do — *Santal*........
Do — *Géranium*......
Mi — *Acacia*........ Bouquet *accord de* DO.
Sol — *Fleur d'oranger.*
Do — *Camphre* ......

  DESSUS.

BASSE.

Fa -- *Musc* ....
Do — *Rose* ....
Fa — *Tubéreuse*...... ⎫
La — *Fève Tonka*..... ⎬ Bouquet *accord de* FA.
Do — *Camphre*....... ⎭
Fa — *Jonquille* ....

DESSUS.

« Pour faire un bouquet, toutes les odeurs primitives doivent être ramenées à un certain degré de force ou de puissance. Ainsi, le degré de l'esprit de *rose* est de 95 grammes d'huile essentielle de rose pour 4 litres 5 d'alcool. Mais le degré du *géranium* est de 250 grammes d'essence pour 4 litres 5 d'alcool. La différence de puissance odorante des deux plantes est comme 3 est à 8. Les physiciens font, en fait d'électricité, une distinction entre *l'intensité* et la *quantité* ; on peut citer la *verveine* comme représentant la première, et la *vanille* comme représentant la seconde. Le *camphre* est trois fois plus intense que la *rose*, etc., etc. »

Malheureusement, cela rappelle vaguement l'*Orgue des saveurs*, de l'abbé Poncelet. Cet homme, convaincu de l'excellence de sa bizarre trouvaille, avait inventé un instrument pour en développer le principe aux yeux du vulgaire incrédule. Dans son idée, à lui aussi, les saveurs pouvaient parfaitement constituer des gammes, et il les rangeait dans l'ordre suivant :

DO — *Acide*.

RÉ — *Fade*.

MI — *Doux*.

FA — *Amer*.

SOL — *Aigre-doux*.

LA — *Austère* (?...).

SI — *Piquant*, etc.

En frappant un accord, non seulement on émettait des sons, mais encore on manœuvrait des fioles correspondant à chaque note, et qui laissaient échapper une goutte des liquides qu'elles contenaient (liquides *acides, aigres, doux, amers*, etc.); ces liquides se rendaient immédiatement dans un verre où ils se mélangeaient, et, après l'exécution de la sonate, le compositeur absorbait la consommation produite par ses phrases harmoniques. Si le morceau était bon, la liqueur l'était aussi ; sinon, c'était un atroce breuvage.

Avouons que l'épreuve était plutôt rude pour les adeptes du contre-point.

17. — Abordons maintenant l'odeur naturelle, les émanations, le *parfum* de l'être humain ; car là se trouvent la plupart de ces philtres que l'on croyait possédés par les femmes, surtout, pour se faire aimer : que de tortures, le plus souvent suivies de mort, ne frappèrent pas ces femmes, coupables seulement d'être belles ou, sans être belles, d'avoir l'*aura feminea*, l'*odor di femina* bien développée, exquise, suave, comme l'eurent la plupart des grandes courtisanes de l'antiquité et un grand nombre d'autres femmes ; comme l'eurent la Sulamite Abisag, Dalila, Judith et tant d'autres !

Voilà les PARFUMS MAGIQUES à l'aide desquels, inconsciemment, elles ensorcelaient les hommes, et voilà bien ceux qui occasionnèrent tant de victimes, au moyen âge principalement ; voilà le plus efficace des *parfums magiques*, comme nous le verrons tout à l'heure (**18**).

Plutarque nous dit qu'Alexandre le Grand sentait naturellement très bon, et que les émanations

de son corps parfumaient son linge et ses vêtements comme s'ils eussent été imprégnés d'aromates (1).

On dit que Cujas offrait la même particularité.

A l'époque de la puberté, les jeunes vierges
répandent quelquefois autour d'elles un parfum
que les poètes de tous les temps ont célébré, et que
l'auteur du *Cantique des Cantiques* exalte avec
un enthousiasme que, de nos jours, on conçoit encore, mais rarement **(19)**.

On a vu des personnes exhaler de tout leur corps
ou de l'une de ses parties seulement, une forte
odeur de soufre (2) ; d'autres, comme cet Asianus
dont parle Galien (3), répandre des vapeurs à peine
supportables et même repoussantes : l'odeur de
bouc, comme a dit Horace en parlant d'une vieille
coquette acharnée après lui :

> Quid tibi vis, mulier.......
> .... Namque sagacius unus odoror....

(1) PLUTARQUE, *Propos de table*, livre I, question 6.

(2) C'est Cardan lui-même, comme il le dit dans sa *Vie*
(chap. VII), qui émettait par les bras, une forte odeur de
soufre. Schneider cite, dans les *Ephémérides des curieux de
la nature,* un individu affecté du même inconvénient.

(3) *Epid.* lib., VI, com. 4, § 9.

Polypus an gravis hirsutis cubet hircus inalis
   Quam canis acer, ubi lateat sus (1), etc.

Et Martial :

Tam malè Thaïs olet, quam non fullonis avari
   Testa vetus, media sed modo fracta via ;
Non ab amore recens hircus, non ora leonis ;
   Non detracta cani Transtiberina cutis (2), etc.

Une princesse célèbre n'estima, ne protégea, et n'accorda places et honneurs, qu'à ceux dont

(1) « Que me veux-tu, vieille mégère ?... Car j'ai l'odorat trop fin. Jamais chien de chasse n'a mieux senti la piste d'un sanglier que je ne découvre le polype qui pue dans ton nez, ou le bouc qu'elle cache sous les aisselles velues... »

(2) « Thaïs sent aussi mauvais que le vieux pot d'un foulon avare, lorsqu'on vient de briser ce vase au milieu de la rue ; elle infecte comme le bouc qui vient de remplir ses fonctions ; comme la gueule du lion ; comme la peau d'un chien écorché par une main transtibérienne ; comme un poulet qui pourrit dans un œuf avorté ; comme une amphore gâtée par de la saumure corrompue. Afin de déguiser cette puanteur sous une odeur toute différente, chaque fois que, pour prendre un bain, elle dépose ses vêtements, l'artificieuse coquette enduit sa peau du psylothrum épilatoire, la cache sous un liniment de craie dissoute dans un acide, ou se fait donner trois et quatre couches de fèves grasses. Lorsque, après les mille artifices de la toilette féminine, elle se croit bien en garde contre la mauvaise odeur, lorsqu'elle a épuisé toutes les ressources de l'art, — Thaïs sent toujours Thaïs. »

3.

l'*odeur naturelle* (car elle n'aimait pas les parfums composés) était irréprochable. On assure qu'elle avait fait à cet égard des études aussi étendues qu'approfondies (1).

18. — A une des fêtes de la cour, dit Cadet-Devaux (2) dans un très long article que nous résumons, Henri II, excédé de la danse, entra dans le cabinet de toilette où la princesse de Condé venait de changer de linge, et, s'essuyant le visage couvert de sueur avec ce linge que venait de quitter la princesse, il fut à l'instant épris du plus violent amour.

Voilà bien le plus puissant de tous les parfums magiques.

Sans cette circonstance, le roi n'eût point brûlé pour cette princesse, qui lui était jusque-là fort indifférente, de ces feux qui, à la mort de cette dernière, le jetèrent dans un délire alarmant, car sa vie fut quelque temps en danger.

Quelle est donc cette atmosphère voluptueuse ? C'est, évidemment, un mélange des émanations

(1) BOUCHER DE PERTHES, *Hommes et choses* ; Paris, 1851, 4 vol. in-12, t. II, p. 416. — Il s'agit de la Grande Catherine.

(2) *Archives curieuses*, par Guyot de Fère, Paris. 1831, in-8.

corporelles et des plus doux parfums, devenus
suaves si, au lieu de dominer, ils sont, dans cette
harmonie olfactive (pour parler comme le chimiste
Piesse au paragraphe 16), ce qu'est la basse dans
un concert ; ce qu'est le parfum de l'air embaumé
d'un jardin, qui ne laisse distinguer ni la rose,
ni l'héliotrope. Cette magie de sensations ne pouvait échapper à Parny, qui en a défini l'alliance
dans ces vers :

> Ce chapeau, ce ruban, ces fleurs,
> Qui formaient hier sa parure,
> De sa flottante chevelure
> Conservent les douces odeurs.

Certaines femmes, moins belles et moins spiri-
tuelles que beaucoup d'autres, subjuguent tous les
hommes qui les approchent, précisément à cause
de leur *aura*, de leur atmosphère, de l'odeur qui
émane de leur corps : *odor di femina...*

Il faut donc, pour que l'homme soit frappé par
cette subtile atmosphère, que la femme ne soit pas
engoncée de vêtements épais, mais qu'elle ait une
toilette légère et que sa peau soit d'une extrême
propreté.

En effet, qu'une belle femme se présente dans

un salon, parée de ses attraits et de riches étoffes,
on dira : *elle est belle...* ; et souvent on n'ajoutera
rien de plus, parce que le sentiment du beau est
plutôt froid, comme l'est la beauté elle-même quand
elle se présente seule.

Opposons à cette belle femme, et à la sensation
qu'elle vient de produire, la sensation que fait éprouver une autre femme moins jolie, mais *revêtue de
vêtements légers* : c'est là le mot de l'énigme ;
c'est le seul moyen d'expliquer la puissance de ces
émanations, *qui constituaient les charmes, les
philtres amoureux* du temps de la chevalerie, qui
exerçaient sur nos preux et nos trouvères un si puissant empire, et les tenaient en servage, pendant des
années entières, aux genoux de leurs sévères maî-
tresses.

Mais pour que l'atmosphère de la femme se ma-
nifeste dans toute sa puissance, il faut qu'elle émane
d'un corps absolument sain et propre. Il est des animaux qui passent tout leur temps à se procurer cette
propreté ; il est des hommes et des femmes qui
ignorent absolument le bain et ses effets ; des
femmes surtout qui ignorent complètement les bains

locaux et les ablutions. Voltaire a dit, dans *Ger-trude* :

La simple propreté composait sa parure.

Il faut, aux bains et aux ablutions, joindre un mélange de parfums doux, mais qui laissent prédominer cette suave émanation d'un corps sain ; enfin, sans que cela puisse, bien entendu, préjudicier à la santé, des vêtements qui, légers, laissent émaner sans obstacle cette atmosphère combinée ; car, retenue sous des étoffes épaisses et serrées, elle ne tarderait pas à s'altérer, pour ne plus être qu'une *sécrétion transpiratoire*. Et alors, certes, ce n'est généralement pas la même chose. C'est ainsi que le simple drap dont, en été, la femme est recouverte sur sa couche, conserve la suavité de cette *aura*, — qui cesse d'être la même lorsqu'elle s'échappe de dessous des couvertures pelucheuses.

Observons que la jeune fille, ainsi que la jeune plante, exhale cette émanation embaumée : l'une a sa *puberté*, l'autre sa *floraison*.

Poursuivant la comparaison, ajoutons que, parmi les plantes, beaucoup sont inodores et beaucoup aussi affectent désagréablement l'odorat ; il en est

ainsi de la femme dont les cheveux sont noirs, cré-
pus et gras, ou d'un blond ardent : elle ne peut pré-
tendre à cette magie de sensation.

Si une propreté recherchée est une condition re-
quise tout d'abord ; si c'est le fin tissu de lin ou de
mousseline légère qui doit recéler cette émanation,
on conçoit aisément qu'elle ne peut pas s'exhaler de
la surface malpropre du corps de nos bergères cam-
pagnardes, — qui ne sont pas celles de Florian ni
de Trianon. La chemise grossière dont elles sont
revêtues, faite du chanvre qu'elles ont roui, tillé
et filé elles-mêmes dans leurs étables empurinées,
ne ressemble en aucune façon à la chemise de la
princesse de Condé. Avec cette chemise, le *coup de
foudre* n'est pas à redouter : elle corromprait
l'odeur même du trèfle incarnat.

Ces femmes peuvent être belles : rarement sont-
elles jolies ; enfin elles n'ont pas cette propreté, ces
doux parfums, et surtout cette atmosphère, le plus
puissant des charmes de leur sexe. La fleur des
champs n'est pas celle de nos jardins ; il faut la
transplanter, et lui donner les soins de la culture.

La femme maigre et noire, à peau huileuse, comme
aussi la femme chargée d'embonpoint, sortent aussi

de cette loi générale ; elles ne sont pas dans les conditions de santé fraîche et à point que donne un
corps jeune et bien constitué.

« Un jeune officier, dit Cadet-Devaux, à peine
arrivé dans une nouvelle garnison, fit la connaissance d'une personne honorable de cette ville et y
remplissant une fonction fort en vue. Il va en visite,
un matin, chez cet homme devenu son ami, au moment où celui-ci venait de partir pour la campagne ;
sa femme achevait de s'habiller, et, devant être
seule ce jour-là, elle invite l'officier à dîner. Il
accepte cet aimable tête-à-tête ; mais tout à coup,
enivré de l'atmosphère que dégageait le corps de la
dame, il s'effraie de l'engagement qu'il vient de con-
tracter. Pourra-t-il, dans cet état d'ivresse, ne point
violer le respect dû à son ami et à sa femme ? Dans
le doute, la raison lui fit un devoir de la retraite. Et
il ne parut pas, le soir, chez la trop capiteuse jeune
femme. »

Tel est donc sur l'homme l'empire de cette atmosphère féminine. Et c'est ainsi que telle personne,
en dépit

De trente-neuf printemps sur sa tête amassés,

est encore séduisante et extrêmement désirable,
quoiqu'elle ait passé l'âge de la séduction. Ce n'est
pas l'esprit seul de Ninon de Lenclos qui a dû atta-
cher si longtemps à son char ce grand nombre de
jeunes et riches amants, et même, un jour, *un de
ses fils*, qui ne la connaissait pas (1) ; c'est moins
encore l'empire de sa beauté disparue, certes, à l'âge
de *quatre-vingts ans*, époque où on la désirait
encore et toujours : c'était sa grisante atmosphère.

Dans son *Ode à la rose*, Sapho a dit :

Son *sein épanoui* parfume le Zéphire :
Son charme s'insinue au fond de notre cœur ;
Il y répand une douce langueur :
C'est la volupté qu'on respire.

(1) Ninon de Lenclos avait eu deux fils de Villarceau ;
l'aîné fut élevé chez son père, et ignora jusqu'à son dernier
moment qu'elle était sa mère. On le présenta un jour à
Ninon (qui en eut toujours des nouvelles par Villarceau et
connaissait bien ses enfants), et il en devint subitement
amoureux. Un soir, qu'il soupait avec elle dans un cabaret
du faubourg Saint-Antoine, il lui fit, dans le jardin, une
déclaration pressante ; Ninon, prise au dépourvu, se vit
obligée de lui avouer qu'elle était sa mère. Le jeune Villarceau la laissa rentrer dans la salle, se dirigea vers l'écurie
où il avait mis son cheval, prit dans les fontes un de ses
pistolets et se fit sauter la cervelle. Son second fils fut com-
missaire de la marine.

Cette strophe est absolument applicable à la femme légèrement vêtue et décolletée. Bien mieux : la robe n'affecte que deux sens, la vue et l'odorat ; et la femme en affecte encore un autre, le sixième, *plus fort que la mort*, dit l'Ecriture.

Parlant de Jupiter transformé en taureau, Molchus, dans son ode sur *l'Enlèvement d'Europe*, dit : « L'odeur divine qu'il exhalait l'emportait sur les plus doux parfums des fleurs (1). »

Enfin on retrouve cette atmosphère, cette émanation féminine, ce PARFUM MAGIQUE, le plus efficace de tous, dans le *Cantique des Cantiques*, mélopée qui se chantait en chœurs alternés aux noces des hébreux des classes élevées, et qui fait partie des Saintes Ecritures :

19. — *Cantique des Cantiques*, chapitre II, v. 1. — Je suis la rose de Sçaron et le muguet des vallées.

III, 6. — Quelle est celle qui monte du désert comme des colonnes de fumée en forme de pal-

---

(1) Car tout ce que nous avons dit de *l'aura femineα* est également vrai pour *l'aura viri* (voyez ci-dessous : *Cantique des cantiques*, V. 13).

mes, parfumée de myrrhe et d'encens et de toutes sortes de poudres de parfumeur ?

IV, 10. — Que tes amours sont belles, ma sœur, mon épouse ! tes amours sont meilleures que le vin, et l'odeur de tes parfums (*de tes émanations*) meilleure qu'aucune drogue aromatique.

V, 13. — Les joues de mon bien-aimé sont comme un parterre de plantes aromatiques et des vases d'odeur ; ses lèvres sont comme du muguet ; elles distillent la myrrhe franche.

IV, 13, 14. — Ton odeur est comme un paradis de grenades et de toutes sortes de fruits. Le nard et le safran, la canne aromatique et le cinna-mome avec tous les arbres du Liban, la myrrhe et l'aloès, et tous les parfums les plus exquis.

VII, 2 — Ton ventre, ma bien-aimée, est comme un tas de blé entouré de muguet.

VII, 7. — Ta stature est semblable à un palmier, et tes mamelles à des grappes de raisin.

VII, 8 — J'ai dit : je monterai sur le palmier, et je prendrai ses branches ; et tes mamelles me se-ront maintenant comme des grappes de vigne, et l'odeur de ton visage comme celle des pommes.

Cette atmosphère de la femme est comme le fluide magnétique qui s'échappe du corps humain et qui agit à des distances considérables (50). Et pourquoi le *fluide*, l'*aura*, les *radiations*, les *ex-halaisons*, les *vapeurs*, les *particules quelconques*, le *parfum* qui sort d'un corps sain n'affecterait-il pas nos sensations, ne les mettrait-il pas en exercice, en activité, quand la médecine constate un grand nombre de faits en faveur de cette atmosphère émanée des corps vivants, et de l'action qu'elle exerce sur les individus soumis à son action ?...

L'atmosphère d'un cholérique est contagieuse, comme l'est l'atmosphère d'un varioleux, d'un lépreux, d'un phthisique... Pourquoi l'atmosphère d'un corps éminemment sain et irradiant une vie embaumée par tous ses pores n'aurait-elle pas autant d'efficacité pour la santé morale et physique d'autrui, que celle d'un corps avarié pour la ruine sanitaire du prochain ?...

La jeune Sçulamite Abisag, qui partagea long-temps la couche du roi David, constituait un excellent moyen thérapeutique pour infuser dans le corps du vieux monarque les forces disparaissantes,

presque annihilées ; le voisinage, le contact du
corps jeune, frais et vibrant de la Sçulamite infu-
sait à ces vieilles chairs une vie qui remplaçait
celle qui fuyait lentement mais sûrement... Autrement l'histoire du vieux roi aurait-elle consacré le
scandale des glaces de la décrépitude dans les
jeunes bras de l'amour? Le prophète-roi devait
prolonger ses forces et sa vie au contact de ces
jeunes chairs, irradiant l'*aura vitalis feminea*,
le parfum magique de tout ce qui vit en ce monde;
il y eût trouvé la mort en essayant d'y chercher la
volupté. Du reste, l'Ecriture dit formellement
qu'il ne la connut point (voir plus loin).

20. — L'exemple partait de trop haut pour n'être
pas suivi : le même moyen fut employé par Capi-
vaccio, qui conserva l'héritier d'une grande maison
d'Italie, tombé dans le. marasme, en le faisant
coucher entre deux filles jeunes et fortes. L'illustre
Boerhaave a cherché lui-même à guérir un prince
allemand de la même manière.

En outre, les anciens considéraient même les
émanations odorantes qui s'exhalent des corps des
jeunes animaux comme jouissant de propriétés
restaurantes ; aujourd'hui encore on fait respirer à

des valétudinaires les odeurs fumantes exhalées dans les étables par des animaux vigoureux.

Quant au roi David, voici comment s'exprime la Bible dans le récit qu'elle fait du soulagement du Roi :

III REGES ; cap. I, v. 1.— *Et rex David senueral, habebatque ætatis plurimos dies, cùmque operiretur vestibus, non calefaciebat.*

2. — *Dixerunt ergo ei servi sui : quæramus domino nostro Regi adolescentulam virginem, et stet coràm Rege, et confoveat eum, dormiatque in sinu suo, et calefaciet dominum nostrum Regem.*

3. — *Quæsierunt igitur adolescentulam speciosam in omnibus finibus Israël, et invenerunt Abisag, Sçulamitidem, et adduxerunt eam ad Regem.*

4.— *Erat autem puella pulchra nimis ; dormiebatque cum Rege, et ministrabat ei;* REX VERO NON COGNOVIT EAM.

(*Verset 1. — Or le roi David était devenu vieux, chargé de jours, et malgré qu'on le couvrît de nombreux vêtements, son corps ne pouvait se réchauffer.*

2. — *Alors ses serviteurs lui dirent: nous chercherons à notre seigneur le Roi une jeune vierge, elle se tiendra contre le Roi* (devant, corâm, ce qui ne signifie rien ; on ne réchauffe pas quelqu'un en se mettant devant lui), *et elle le soignera*, ELLE DORMIRA DANS SON SEIN, *et elle réchauffera notre seigneur le Roi.*

3. — *Ils cherchèrent donc une belle jeune fille dans toutes les contrées d'Israël, et ils trouvèrent Abisag, Sçulamite, et ils l'amenèrent devant le Roi.*

4. — *Elle était extraordinairement belle ; et elle dormait avec le Roi et le servait ;* ET LE ROI NE LA POSSÉDA JAMAIS.)

Il fallait que cette belle Sçulamite eût une atmosphère féminine bien puissante, car, recueillie, sans doute, après la mort de David dans la maison de son fils et successeur Salomen (1), elle provoqua le *coup de foudre* dans le cœur d'Adonija, frère aîné de Salomon, celui qui aurait dû succéder à Da-

(1) Que le saint roi David avait eu de la non moins belle Bathsçébah (*Bethsabée*), après avoir l'avoir enlevée à son mari, le général Uri, qu'il fit tuer, pour s'épargner des complications ultérieures, quand ce général rentrerait dans ses foyers.

vid. Adonija pria la mère de Salomon de demander
au roi la main d'Abisag pour lui, et Salomon le fit
immédiatement mettre à mort. C'était un recom-
mencement du drame de Caïn et d'Abel. Dans ces
heureux temps, on faisait sommairement tuer un
général pour posséder sa femme en toute liberté,
comme on faisait assassiner son frère s'il avait
l'audace de vous demander une de vos concubines
en mariage (car il est évident qu'Abisag fut une
des 800 concubines de Salomon, si elle ne fut pas
une de ses cinq ou six cents femmes légitimes).
Voici comment la Bible raconte le drame :

III ROIS, chap. II, v. 12. — Et Salomon s'assit
sur le trône de David son père, et son royaume fut
fort affermi.

13. — Alors Adonija, fils de Hagguith *(sa mère)*
vint vers Bath-Scébah, mère de Salomon, et elle
lui dit : viens-tu avec de bonnes intentions ? Et il
répondit : oui.

14. — Puis il dit : j'ai un mot à te dire. Elle
répondit : parle.

15. — Et il dit : tu sais bien que le royaume
m'appartenait, et que tout Israël s'attendait que je
régnerais ; mais le royaume a été transporté, et il

est échu à mon frère, parce que l'Eternel le lui a donné.

16. — Maintenant donc j'ai à te demander une grâce ; ne me la refuse point. Et elle répondit : parle.

17. — Je te prie, dis au roi Salomon (car il ne te refusera rien) qu'il me donne Abisag, Sçulamite, pour femme.

18. — Bath-Scébah répondit : je le veux ; je parlerai au roi pour toi.

19. — Ainsi Bath-Scébah vint vers le roi Salomon afin de lui parler pour Adonija. Et le roi se leva pour aller au-devant de Bath-Scébah, et se prosterna devant elle ; puis il s'assit sur son trône et fit mettre un siège pour sa mère ; et elle s'assit à la main droite du roi,

20. — Et dit : j'ai à te faire une petite demande ; ne me la refuse point. Et le roi lui répondit : fais-la, ma mère, car je ne te la refuserai point.

21. — Et elle dit : qu'on donne Abisag, Sçulamite, à Adonija, ton frère, pour femme.

22. — Mais le roi Salomon répondit à sa mère, et dit : Pourquoi demandes-tu Abisag, Sçulamite, pour Adonija ? Demande plutôt le royaume pour

lui, parce qu'il est mon frère aîné ; demande-le pour lui, pour Abiathar le sacrificateur, et pour Joad, fils de Tséruja !

23. — Alors le roi Salomon jura par l'Eternel, disant : que Dieu me traite dans toute sa rigueur, si Adonija n'a dit cette parole contre sa propre vie !

24. — Car, maintenant, l'Eternel est vivant ! lui qui m'a établi et fait asseoir sur le trône de David, mon père, et qui a établi ma maison, comme il l'avait dit, et Adonija sera mis à mort aujourd'hui.

25. — Et le roi Salomon ayant donné ordre à Bénaja, fils de Jéhojadah, celui-ci se jeta sur Adonija et le tua.

Charmante époque !

Qui saura jamais ? C'est peut-être pour la trop belle Abisag que Salomon composa son *Cantique des Cantiques ?*.... Car c'est d'une *Sçulamite* qu'il est question dans cet hymne d'amour....

Elle avait encore l'*aura feminea* cette Cæsonia, femme du monstre Caligula ; cette veuve, mère de trois enfants, lui plut tellement qu'il l'épousa : « elle n'était, dit Suétone (1), *ni belle ni jeune*, et

(1) Suétone, *Vie de Caligula*, ch. XXV.

elle avait trois filles ; mais elle était de la plus im-
pudente lubricité. » Caligula était tellement épris
de cette femme, « *ni belle ni jeune* », qu'il la mon-
trait volontiers en public, comme pour solliciter
une approbation : « Il la fit voir souvent aux soldats, continue Suétone, revêtue d'une cotte d'armes, d'un bouclier et d'un casque, et montant à
cheval à côté de lui. Il la montra nue à ses amis.
Quand elle fut mère *(c'était la quatrième fois)*, il
l'honora du nom de son épouse, se déclara le père
de la fille qu'elle mit au monde, l'appela Julie
Drusille (*du nom de sa sœur*, *qui avait été en
même temps sa maîtresse*), la fit porter dans le
temple des déesses et la plaça dans le giron de Mi-
nerve, à qui il donna le soin de la nourrir et de l'é-
lever. » Persuadé que Césonie lui avait jeté un sort,
fait boire un philtre ou respirer quelque parfum
magique pour lui inspirer un tel amour, « il disait
souvent qu'il lui ferait donner la question pour savoir d'elle pourquoi il l'aimait tant » (1).

Naturellement, le peuple croyait à quelque sortilège de la part de cette femme, car, dit Suétone
plus loin, « on croit que Césonie lui donna un phil-

(1) SUÉTONE, *Vie de Caligula*, ch. XXXIII.

tre amoureux, qui n'eut d'autre effet que de le rendre furieux » (1). Ce philtre ne fut incontestable-
ment que l'atmosphère s'exhalant de son corps, et
ce *parfum* suppléait la beauté qui lui faisait dé-
faut.

21. — Et cette atmosphère féminine existe si
bien, quoique notre odorat de peuples civilisés ne
puisse aisément la percevoir, que les sauvages,
dont ce sens est excessivement développé, ne se
trompent jamais sur le sexe d'un individu qu'ils
voient pour la première fois, qu'il porte des vêtements féminins ou masculins.

La beauté du visage ; dira-t-on? l'absence de
barbe ?... Mais combien n'existe-t-il pas de jeunes
gens dont bien des femmes voudraient avoir la
beauté ? Et combien d'hommes absolument imber-
bes, même à trente ans et plus ?... Or, voici un
exemple dans lequel il s'agit d'une femme qui
n'était « *ni laide ni jolie* », dit Bougainville dans
la relation de son voyage autour du monde (2) :

« Tandis que nous étions entre les grandes Cycla-
des, quelques affaires m'avaient appelé à bord de

(1) SUÉTONE, *Vie de Caligula*, ch. I.
(2) BOUGAINVILLE, *Voyage autour du monde*, t. II, p. 155.

l'*Etoile*, et j'eus occasion d'y vérifier un fait assez singulier. Depuis quelque temps il courait un bruit dans les deux navires (1) que le domestique de M. de Commerson (2), nommé Baré, était une femme. Sa structure, le son de sa voix, son menton sans barbe, son attention scrupuleuse à ne jamais changer de linge ni faire ses nécessités devant qui que ce fût, plusieurs autres idées, avaient fait naître et accrédité ce soupçon.

« Cependant, comment reconnaître une femme dans cet infatigable Baré, botaniste déjà fort exercé, que nous avions vu suivre son maître dans toutes ses herborisations, au milieu des neiges et sur les monts glacés du détroit de Magellan, et porter même dans ses marches pénibles les provisions de bouche, les armes et les cahiers de plantes avec un courage et une force qui lui avaient mérité du naturaliste le surnom de sa bête de somme?

« Il fallait qu'une scène qui se passa à Tahiti changeât le soupçon en certitude.

« M. de Commerson y descendit pour herboriser.

(1) *La Boudeuse* et *l'Etoile*.
(2) Naturaliste attaché à l'expédition.

« *A peine Baré, qui le suivait avec les cahiers sous son bras, eut-il mit pied à terre, que les Tahitiens l'entourent,* CRIANT QUE C'EST UNE FEMME, *et voulant lui faire les honneurs de l'île.* Le chevalier de Bournand, qui était de garde à terre, fut obligé de venir à son secours et de l'escorter jusqu'au bateau.

« Quand je fus à bord de l'*Etoile*, Baré, les yeux baignés de larmes, m'avoua qu'elle était fille : elle me dit qu'à Rochefort elle avait trompé M. de Commerson en se présentant à lui sous des habits d'homme, au moment même de son embarquement ; qu'elle avait déjà servi comme laquais un Genevois à Paris ; que, née en Bourgogne et orpheline, la perte d'un procès l'avait réduite à la misère, et lui avait fait prendre le parti de déguiser son sexe. Ce sera la première femme qui aura fait le tour du monde, et je lui dois la justice de dire qu'elle s'est toujours conduite à bord avec la plus scrupuleuse sagesse. *Elle n'est ni laide ni jolie,* et n'a pas plus de vingt-six à vingt-sept ans. »

Combien d'autres femmes, aux époques glorieuses de la République et de l'Empire, n'ont pas servi dans nos armées ? qui se doutait de leur sexe ? Il

4.

fallait qu'une blessure les abattit, et qu'un chirurgien mit leur corps à nu pour qu'on eût la surprise
de s'apercevoir que le guerrier était une amazone.

Le nez expert d'un sauvage aurait immédiatement, — comme les Tahitiens pour la fille Baré, —
reconnu une héroïne sous la capote du soldat.

22. — D'un autre côté, si, ni l'antiquité ni l'époque
actuelle ne paraissent avoir connu l'atmosphère de
la femme en état de santé parfaite, les hommes ont
été — et sont même encore, — dans la persuasion qu'il
s'exhale de son corps une *aura* spéciale, jadis absolument délétère et pernicieuse, aujourd'hui pro-
duisant quelques effets déplorables, lorsqu'elle
est en relations réglées avec la Lune.

Pline raconte (1) « qu'une femme *in mensibus
suis* fait aigrir le vin doux par son *odeur* ; en les
touchant, frappe de stérilité les céréales, de mort
les greffes, brûle les plants des jardins ; les fruits
de l'arbre contre lequel elle s'est assise tombent ;
son regard ternit le poli des miroirs, attaque l'acier
et l'éclat de l'ivoire ; les abeilles meurent dans leurs
ruches ; la rouille s'empare de l'airain et du fer, et

_____

(1) PLINE, *Histoire naturelle*, liv. VII, ch. XIII.

une odeur fétide s'en exhale. Bien plus : le bitume,
substance visqueuse et collante qui, à une certaine
époque de l'année, surnage au-dessus des eaux d'un
lac de Judée nommé Asphaltite, ne se laisse diviser
par rien, tant il adhère à tout ce qu'il touche, mais
se laisse diviser par un fil infecté de ce virus (1).
Les fourmis même, animaux si petits, en ressentent,
dit-on, l'influence, rejetant les grains qu'elles portent et ne les reprenant pas.

« Le feu même, qui triomphe de tout, ne peut
triompher de ce sang : incinéré, si on en saupoudre
les étoffes à laver, il altère, en effet, la pourpre et
ternit l'éclat des couleurs. Cette substance malfai-
sante n'épargne même pas le sexe qui en est la
source ; elle provoque l'avortement chez une femme
enceinte qu'on en frotte, ou qui seulement passe
par-dessus.

« Laïs et Eléphantis ont écrit au sujet des abortifs
des choses tout à fait contradictoires, indiquant, par
exemple, un charbon de racine de chou, ou de myrte,

(1) Le sang dont il s'agit n'est rien moins qu'un virus ;
c'est le même sang que celui circule dans les autres parties
du corps ; il est tout aussi clair, aussi pur et aussi rouge,
quand la femme est saine.

ou de tamarix, éteint dans ce sang ; et disant que
les ânesses restent sans concevoir, autant d'années
qu'elles ont mangé de grains d'orge trempés dans
ce sang.

« Brutus de Dyrrachium prétend que les miroirs
ternis par l'aspect de femmes *in mensibus* rede-
viennent brillants si ces mêmes femmes regardent
ces instruments par derrière, et que toute mauvaise
influence de ce sang est détruite si les femmes ont
sur elles le poisson appelé surmulet.

« D'un autre côté, beaucoup de gens attribuent
des vertus médicinales à une substance aussi mal-
faisante, assurant qu'on en fait un topique pour la
goutte, et que les femmes qui se trouvent en cet
état ont la faculté d'adoucir les écrouelles, les pa-
rotides, les tumeurs, les érysipèles, les furoncles,
les fluxions des yeux...

(*Nos bons rois n'étaient pas capables d'en
faire autant !*)

« D'après Laïs et Salpé, la morsure des chiens
enragés et les fièvres tierces et quartes sont guéries
avec de la laine de bélier noir, imbibée de ce sang
et renfermée dans un bracelet d'argent.

« La sage-femme Satira dit qu'un moyen très

efficace de guérir les fièvres tierces et quartes est
d'en frotter la plante des pieds du malade, ce qui
est d'un effet encore plus certain si l'opération est
faite par la femme elle-même, et à l'insu du malade. C'est aussi, d'après elle, un moyen de faire
cesser l'accès des épileptiques.

« *Tout le monde convient* que si une personne
mordue par un chien a de l'horreur pour l'eau et
les boissons, il suffit de mettre sous sa coupe un
lambeau d'étoffe imprégné de ce sang pour dissiper
l'hydrophobie.

« Ce sang incinéré, avec addition de farine de
cheminée (*suie*) et de cire, guérit les ulcères de
toutes les bêtes de somme : *cela est certain.*

« *Il est certain aussi* que les taches faites aux
étoffes par ce sang ne peuvent être enlevées que
par l'urine de la femme dont il provient ; que ce
sang incinéré, mêlé seul à l'huile rosat, calme, appliqué au front, les douleurs de tête, surtout chez
les femmes.

« On convient aussi, *et c'est ce que je crois le
plus volontiers,* qu'il suffit de toucher avec ce
sang les poteaux d'une porte, pour rendre vains les

maléfices des mages, *espèce d'hommes très men-teurs*, comme on peut s'en convaincre. »

Que de choses dans cette monographie des roses que la femme effeuille tous les mois !...

Que voilà bien, — pour la première partie, — un PARFUM, une ODEUR MAGIQUE ; et, pour la seconde, une PANACÉE MAGIQUE universelle !

Les mauvaises langues auraient-elles raison quand elles nous représentent la femme comme le réceptacle de tous les vices... et de quelques vertus ?... comme une boîte de Pandore en miniature ?

N'insistons pas.

Il y a même mieux : Albert le Grand prétend que si l'on prend des cheveux d'une femme *in mens-truis*, et qu'on les mette dans du fumier, il en proviendra infailliblement des vipères et des couleuvres.

Aujourd'hui encore, dit Salgues (1), un jardinier laisserait difficilement, si jolie fût-elle, approcher une femme de ses melons. Bien des vignerons ne la laisseraient pas approcher de leurs cuves ; bien des

(1) SALGUES, *Des erreurs et des préjugés*, Paris, 1818, 3 v. in-8.

crémière tremblent à son aspect pour leur lait et leur crème.

Aujourd'hui, des personnes s'imaginent que ces intéressantes patientes font tourner les sauces, et surtout la mayonnaise. Le docteur Monin est parfaitement de cet avis : « Chacun sait, dit-il, qu'à ces époques la sueur des femmes s'acidifie, et *peut faire tourner le lait ou les sauces*, d'après une opinion vulgaire, *mais très fondée* (1). »

Il est donc parfaitement entendu qu'il existe une atmosphère féminine, une *aura feminea*, agissant sur l'homme moralement et physiquement, et pouvant aussi agir sur des objets inertes, quand des émanations sudorifiques s'y combinent.

23. — Mais les plantes aussi ont leur *aura*, leur subtile atmosphère de parfums ; je me bornerai à citer, comme un exemple tout particulier, la *fraxinelle* (2) : le pied de cette plante, dans les belles soirées d'été, est entouré d'une *aura* de vapeurs formées d'une huile essentielle spéciale, qui s'en-

(1) D' E. Monin, *Les odeurs du corps humain dans l'état de santé et dans l'état de maladie*, Paris, 1880, in-12 ; p. 14.
(2) *Dictamnus albus.*

flamme brusquement si on en approche une bougie allumée.

Biot, dans les *Nouvelles Annales du Muséum*, tome I, page 273, donne une étude assez détaillée de cette plante et du phénomène remarquable qu'elle produit.

III

Les poissons perçoivent-ils les odeurs. — Influence des parfums sur les animaux. — *Mariécus, Sérapion, Ste Thècle, etc.* — Parfums servant à apprivoiser les animaux. — Les abeilles de *Wildman.* — L'hippomanès. — Influence des parfums sur le moral de l'homme. — Parfums magiques ; les oracles ; l'antre de Trophonius, etc. ; les onctions magiques. — Effets physiologiques des parfums sur l'homme ; nombreux exemples. — Les *eaux amères* de la Bible. — Effets curieux d'idiosyncrasie provoqués par des parfums. — La *Magie naturelle* de *Porta.*

24. — Nous avons déjà fait remarquer, à propos de l'aventure de la fille Baré qui fit, la première, le tour du monde dans les navires commandés par Bougainville (**21**), que l'organe de l'olfaction, chez l'homme civilisé, est, pour ainsi dire, à peu près inerte ; à moins qu'elles ne soient d'une intensité particulière (Voir les gammes de Piesse) (**16**), à peine perçoit-il les odeurs qui émanent d'un objet tout proche. Le nez de l'homme de la nature, soumis à une *gymnastique* perpétuelle déterminée par les besoins de la vie et la sécurité personnelle, est autrement sensible que le nôtre aux plus fugitives émanations que lui apporte le vent ; et il découvrira, plusieurs heures après l'événement, à quelle race, blanche, jaune, rouge ou noire, à quelle tribu, appartient le congénère ou l'étranger qui ont traversé une plaine, un sentier ou un taillis.

Quant aux animaux, ils ont ce sens si parfait, dit Buffon, si développé (*Les Mammifères quadrupèdes*), qu'ils sentent de plus loin qu'ils ne voient : « Non seulement ils sentent de très loin les corps présents et actuels, mais ils sentent les émanations et les traces longtemps après qu'ils sont absents et passés. Un tel sens est un organe universel de sentiment ; c'est un œil qui voit les objets non seulement où ils sont, mais même partout où ils ont été. »

Plus l'homme se rapproche de la nature, plus il est *sauvage*, plus il participe de ce don naturel aux animaux.

La question de savoir si les poissons avaient — ou ont — de l'odorat a été souvent agitée. Le savant

Duméril leur refuse ce sens : « Chez les insectes et les mollusques gastéropodes pulmonés, dit-il, le siège de l'offaction semble être l'entrée des voies respiratoires. Quant aux animaux aquatiques, j'ai été amené par un examen consciencieux et impartial des faits à maintenir les conclusions émises par mon père, sur l'impossibilité dans laquelle sont les poissons de percevoir les odeurs (1). »

Oppien n'était pas de cet avis. Il dit dans ses *Halieutiques* :

« Quelqu'un pense-t-il à la pêche des Thrisses et des Chalchis ? En veut-il à la belle race des trachures ? Que ses nasses de spartium soient fortement construites ; qu'il fasse griller des orobes (2) et les trempe dans un vin odorant... Il enverra sa nasse dans les eaux ; *l'odeur délicieuse qui s'en répandra à l'instant sur les ondes* servira comme d'appel aux cohortes éparses de ces poissons ; son charme enivrant les entraînera dans les nasses, qui en seront ainsi remplies...

(1) DUMÉRIL, *Des odeurs, de leur nature et de leur action physiologique;* Comptes rendus de l'Académie des Sciences, 1843, t. XVI, p. 265.

(2) L'*Ers*, plante de la famille des légumineuses.

« Il n'est pas de poisson qui s'accommode de plus vils aliments que le trigle ; tout lui est bon, jusqu'à la moindre ordure ; il recherche tout ce qui est *d'odeur fétide* : le mets qui flatte le plus son goût est le cadavre d'un homme en putréfaction. Des mœurs qui ont de l'analogie, des appétits également immondes, rapprochent le cochon et le trigle, et tous deux occupent le premier rang, l'un parmi les habitants des eaux, l'autre parmi les animaux terrestres.

« L'appât servant pour prendre le kestre se compose de pain, de lait caillé et de *menthe*, dont il aime beaucoup l'odeur (1). »

De son côté, le médecin italien Scarpa a reconnu que si, après avoir manié des grenouilles ou des crapauds femelles, on plonge les mains dans l'eau, les mâles accourent de loin et les embrassent étroitement (2).

Enfin, dans le *Petit Albert*, nous trouvons ce qui suit :

(1) OPPIEN, *Les Halieutiques*, chant III.
(2) *Anatomicæ disquisitiones de auditu et olfactu.* Paris, 1789, in-folio.

POUR S'ENRICHIR PAR LA PÊCHE DES POISSONS

« Vous assemblerez une infinité de poissons au lieu où vous les pourrez commodément prendre, si vous y jetez la composition suivante :

« Prenez sang de bœuf, sang de chèvre noire, sang de brebis noire ; fiente de bœuf, de chèvre, de brebis qui se trouve aux petites entrailles ; du thym, de l'origan, de la sarriette, de la marjolaine, de l'ail, de la lie de vin, et de la graisse ou moelle des mêmes animaux. Vous pilerez tous ces ingrédients ensemble, et vous en ferez de petites boules que vous jetterez dans l'endroit de la rivière ou de l'étang, et vous verrez merveilles (1). »

Et pourquoi le *parfum magique* de cette composition n'agirait-il pas sur les poissons, au moins par la vertu des plantes qui en font partie ? — Car il est donné comme *parfum magique*.

Il nous paraît aussi efficace que ceux que nous donnerons, — et tout actuels, — dans la dernière partie de ce volume.

25. — N'abandonnons pas encore les animaux

(1) *Secrets merveilleux de la Magie naturelle et cabalistique* du PETIT ALBERT, Cologne, 1722, in-18.

sans ajouter quelques détails sur l'effet des odeurs ou parfums sur leur organisme.

Tacite (1) nous dit qu'un certain Mariécus, de la nation des Boïens, s'étant révolté et se donnant comme un dieu sauveur des peuples tyrannisés par les Romains, avait déjà rassemblé huit mille hommes, entraînant à sa suite et dans son parti tous les cantons voisins du pays des Eduens, lorsque Vitellius écrasa cette multitude et fit prisonnier le rebelle. Il ordonna de le livrer aux bêtes du cirque, mais ces animaux ne voulurent lui faire aucun mal ; ce que voyant le peuple, il commençait à croire réellement à sa divinité, quand l'empereur persuada le contraire en le faisant égorger.

Cet homme avait réussi à se procurer, dans sa prison, des plantes dont il connaissait les vertus, et à s'en frotter le corps, évidemment.

L'Egyptien Sérapion ayant prédit à Caracalla sa mort prochaine, celui-ci voulut d'abord jouir du spectacle du décès de son prophète, et le fit tout bonnement jeter aux bêtes : Sérapion n'eut qu'à étendre la main, pour arrêter net sur les jarrets un

(1) HISTOIRE, liv. II, ch. 61.

lion courant sur lui pour le dévorer. L'épée d'un gladiateur eut raison du philtre, comme pour Mariécus (1).

Dans les *Actes de Thècle et de Paul, apôtre*, nous lisons que : « comme on avait lâché sur Thècle des bêtes redoutables, toutes les femmes ayant jeté sur elle, l'une du nard, l'autre de la cassie, celle-ci des aromates, celle-là de l'huile parfumée, les bêtes furent comme accablées de sommeil, et elles ne touchèrent point Thècle. »

D'après Athénée (2), l'absorption du citron communiquerait à l'homme la faculté de repousser les animaux féroces. Si le citron a cette propriété, il faut croire ou plutôt penser que c'est par des frictions sur le corps qu'il la communique à l'homme.

Elien assure que l'éléphant aime les odeurs suaves, celles des fleurs ou des parfums composés (3).

Philostrate déclare que les chèvres du Caucase, vivement flattées par le parfum du cinnamome,

(1) Xiphilin, *Vie de Caracalla.*
(2) Athénée, *Deipnosophistes*, liv. III, ch. V.
(3) Elien, *De la nature des animaux*, liv. I, ch. XXXVIII; liv. XIII, ch. VIII.

suivent avec empressement la main qui leur en présente (1).

Personne n'ignore que l'odeur du marum et de la valériane agit si fortement chez les chats, qu'elle provoque l'émission de l'urine.

Certains individus, à Londres et ailleurs, possèdent l'art de faire sortir les souris de leurs trous, en plein jour, et de les contraindre à entrer dans une souricière ; le charme consiste à enduire sa main d'*huile de cumin* ou d'*huile d'anis*, et à en frotter quelques fétus de paille qu'on introduit dans la souricière (2)

On a vu, le siècle dernier, un homme marcher couvert d'un essaim d'abeilles, qui, répandues sur ses mains et sa figure, semblaient avoir oublié leurs ailes et leurs aiguillons (3).

Un sieur Wildman, de Plymouth, se présenta un jour à la *Société des Arts* avec trois essaims, l'un sur la tête, l'autre sur le dos, le troisième dans les poches. Les trois ruches auxquelles ils apparte-

(1) PHILOSTRATE, *Vie d'Apollonius de Tyane*, liv. III, ch. I.
(2) BIBLIOTHÈQUE UNIVERSELLE. *Sciences*, t. IV, p. 263.
(8) EUSÈBE SALVERTE, *Des sciences occultes, ou Essai sur la magie, les prodiges et les miracles.* Paris, 1856, in-8.

naient furent mises dans une pièce voisine de la
salle où siégeait l'assemblée. Sur un coup de sifflet
donné par Wildman, les trois essaims regagnèrent
leur ruche respective. A un nouveau coup de sifflet, les insectes revinrent sur leur maître et ami.
Cet exercice fut répété plusieurs fois, sans qu'il en
résultât aucun accident pour les spectateurs, lesquels gardaient d'ailleurs une anxieuse immobilité.
La *Société d'agriculture*, pourtant peu prodigue
de ses récompenses, accorda, pour la singularité
du fait, un prix à l'original éleveur.

Le 4 juin 1774, Wildman fit, en présence du Sta-
thouder et de la princesse son épouse, d'autres expériences fort curieuses. Il apporta une ruche
pleine d'abeilles et, dans l'espace de deux minutes,
il les en fit sortir pour aller se poster sur le cha-
peau d'un spectateur ; de là, il les fit venir sur son
bras nu, où elles formèrent un onduleux et crépi-
tant manchon ; les insectes durent ensuite se grou-
per sur sa tête et sur son visage, où ils lui formèrent un véritable masque. Dans cette situation, il
but un verre de vin , plusieurs abeilles tombèrent
dans le verre vide, mais il les en retira avec le

doigt, et leur essuya les ailes sans aucune marque de frayeur ou d'irritation de leur part.

Le parfum dont se servait Wildman pour s'assurer l'obéissance absolue de ces dangereuses petites bestioles, pouvait, à coup sûr, passer pour un *parfum magique.*

Elien dit que des frictions de graisse d'éléphant servent de *parfum magique* pour éloigner les animaux féroces (1).

Tertullien (2) parle d'un homme qui jouait avec des bêtes féroces, dont il excitait et évitait habilement les morsures.

Vopiscus (3) dit que Firmus, le corps frotté de graisse de crocodile, nageait impunément au milieu de ces sauriens.

Certaines onctions que pratiquaient sur leur corps les prêtres mexicains, leur permettaient d'errer, la nuit, dans les forêts, sans craindre l'attaque des bêtes féroces, repoussées par l'odeur de l'onction magique.

Souvent aussi on peut capter un animal, un mâle,

(1) *Histoire des animaux*, liv. I, ch. XXXVII.
(2) *Apologétique*, ch. XVI.
(3) *Histoire Auguste, Vie de Firmus.*

en s'imprégnant de l'odeur de sa femelle en rut ;
au livre I de ses *Aphorismes,* Galien parle de cette
manière de se faire suivre par un animal. Pline (1)
Pausanias (2) et Élien (3) parlent d'un cheval de
bronze qui se trouvait dans le temple de Jupiter, à
Olympie ; à son aspect tous les chevaux entiers hen-
nissaient et manifestaient les plus violents désirs.
Cela provenait tout simplement de ce qu'on endui-
sait d'hippomanès la statue de ce cheval ou de
cette jument.

Qu'était-ce que l'hippomanès ? D'après Théo-
crite (4), « c'est une plante qui croît en Arcadie ;
par elle, les jeunes coursiers et les promptes cava-
, les sont livrés à des désirs furieux. » D'après Voltaire (5), ce serait un peu de l'arrière-faix d'une
jument qui vient de mettre bas. — Ce serait, d'a-
près Virgile (6) et autres, une excroissance de
chair qui se trouve quelquefois au front du poulain

---

(1) *Histoire naturelle,* liv. XXVIII, ch. II.
(2) *Eliac.,* lib. I, cap. XXVII.
(3) Liv. XIV, ch. XVIII.
(4) *Idylle* 2, vers 48 et 49.
(5) *Dictionnaire philosophique,* au mot *Enchantement.*
(6) *Enéide.*

et que sa mère dévore, Delille a traduit ainsi les
vers du poète latin :

Enfin, pour rendre encore le charme plus puissant,
Elle y joint la tumeur que le coursier naissant
Apporte sur son front, et que, pour ce mystère,
On enlève aussitôt à son avide mère.

Les charmeurs de serpents emploient, eux aussi,
des odeurs ou des parfums spéciaux pour manier
sans crainte ces animaux, parfois monstrueux. Autrefois certains hommes s'adonnaient même au
dressage des reptiles ; c'étaient les *Marses*, en
Italie ; les *Psylles*, en Afrique ; les *Ophiogènes*,
à Chypre, etc.

Dans le temple d'Hercule, dit Solin (1), les chiens
n'osèrent jamais entrer, à cause de l'odeur de la
massue que le héros avait un jour appuyée contre
la porte de l'édifice, il y avait quatorze siècles (2) :
il est évident que les prêtres frottaient la porte et
son voisinage d'une drogue émettant une odeur
perceptible seulement pour les chiens, et qui leur
était fort désagréable.

(1) *Histoire*, chap. II.
(2) Voilà un édifice qui était singulièrement vieux.

26. — Quelle est l'influence des parfums sur le *moral* de l'homme ? Elle est considérable.

« Ignores-tu, dit Athénée (1) (c'est un des convives qui parle), ignores-tu que les sensations que le cerveau éprouve par des odeurs agréables, y répandent le calme et y remettent tout en ordre ? Ecoute ce passage d'Alexis :

C'est une chose très importante pour la santé que d'affecter le cerveau par d'agréables odeurs.

«Alcée, cet homme aussi valeureux que bon poète, dit aussi :

Il nous répandit sur la poitrine un parfum des plus agréables.

, « Le sage Anacréon disait :

Où fuis-tu, après avoir parfumé ce sein, plus creux qu'une syringe (2) ?...

« Il recommande de parfumer le sein, sous lequel est placé le cœur, dans l'idée que le parfum y porte le calme par ses agréables émanations. Or, on pratiquait cet usage non seulement parce que les émissions agréables se portent naturellement de la poi-

(1) ATHÉNÉE, *Deipnosophistes*, liv. XV, ch. 10.
(2) Anacréon aimait les seins bien rebondis, formant entre eux un creux profond.

trine à l'odorat, mais parce qu'on pensait que
l'âme avait son siège dans le cœur, selon la doctrine de Proxagoras et de Philotime, qui étaient
tous deux médecins. Homère dit dans le même sens :

S'étant frappé la poitrine il parla ainsi à son cœur.

« Et ailleurs :

Son cœur aboie dans sa poitrine.

« Et dans ce passage :

L'âme d'Hector s'agitait violemment dans sa poitrine.

« Homère connaissait aussi l'usage des parfums
(12), mais il les appelle *huiles* (et non μύρον, μύρα)
avec une épithète :

Il se frotta d'huile *suave*.

« Il emploie d'ailleurs le mot τεθυώμενον pour
parfumé. Quant aux parfums que l'on faisait avec
des aromates, et que l'on appelait θύωμα, il les rappelle aussi, dans ce passage relatif à la déesse Junon :

Elle ôta d'abord avec de l'ambroisie tout ce qu'il y
avait d'impur sur son beau corps ; se répandit ensuite
sur toute la peau un fluide d'ambroisie (τεθυώμενον)
qu'elle avait imprégné *d'aromates*, et qui, répandu
dans la maison d'airain de Jupiter, exhalait son odeur
du ciel jusqu'à la terre.

27. — Les parfums, dit E. Salverte (1), ont une action incontestable sur le *moral* de l'homme. Jamblique (2) déclare que, lorsque la divinité voulait se révéler en songe, les êtres les plus jeunes et les plus simples étaient les plus propres à réussir dans ce genre de divination, et on les y disposait par des invocations magiques et par des fumigations de parfums particuliers (**28** et **44**). Porphyre déclare que ces procédés agissaient fortement sur l'imagination.

La Pythie s'exposait, avant de prophétiser, aux vapeurs qui s'exhalaient de l'antre de Delphes.

A Didyme, la prêtresse de l'oracle des Branchides respirait préalablement et longuement les vapeurs d'une fontaine sacrée.

28. — Proclus (3) nous dit que les *instituteurs du sacerdoce ancien*, réunissant ensemble divers parfums ou odeurs. en composaient un, participant à la fois des qualités inhérentes à chacun, et, en outre, *possédant une vertu résultant de cette union même.*

---

(1) E. SALVERTE, *Des sciences occultes.* etc.
(2) *De mysteriis*, cap. XXIX.
(3) *De mysteriis et magiâ.*

Dans les hymnes d'Orphée, un parfum est attribué à chaque divinité, dans les invocations qui lui sont adressées (**47**).

L'odeur des graines de la jusquiame, surtout lorsqu'elles sont échauffées, produit des effets extraordinaires. Jussieu en cite quelques exemples dans le Dictionnaire de médecine inséré dans l'*Encyclopédie méthodique*, au mot JUSQUIAME ; c'est surtout une disposition à la colère, à l'irritation, aux querelles, que produisent ces graines. Deux époux, au caractère naturellement doux, avaient reçu un paquet de ces graines qu'ils avaient placé sur une armoire près du poêle, dans la chambre où ils travaillaient en commun. Dès le lendemain, des querelles éclatèrent entre eux — les premières depuis qu'ils étaient unis ! — et elles duraient autant de temps qu'ils étaient dans la pièce, pour se changer en excuses mutuelles, et en larmes d'attendrissement aussitôt qu'ils en étaient sortis. Puis la série recommençait...

On crut d'abord à un sortilège jeté sur les époux ou sur cette chambre ; mais on découvrit bientôt le paquet de graines de jusquiame, et tout s'expliqua. La substance aux parfums vénéneux — ou magiques — fut mise en lieu sûr, et toute trace d'intoxication disparut.

Il en était de même jadis, chez les Scythes, des graines d'une espèce de chanvre qu'ils jetaient sur des pierres rougies au feu, et dont la vapeur les enivrait, dit Hérodote (1).

Le suc de la belladone, appliqué sur une plaie, cause bientôt un délire accompagné d'hallucination de la vue ; une faible goutte de ce suc dans l'œil cause d'abord la diplopie (*duplication des images*), puis le délire.

(Faites sécher la plante : produisez-en des émanations, odeurs, fumigations, etc., mélangez-la avec quelque parfum pour en dissimuler la présence, et voilà un *parfum magique* qui doit être fort souvent employé).

Les parfums, les fumigations, les liquides odorants, les liniments, les onguents, les fomentations, etc., agissaient évidemment avec une force parfois redoutable, physique et morale, sur le sujet, dans un but déterminé par le prêtre, le charlatan, le prétendu sorcier ou le malhonnête homme, — ce qui, parfois, est tout un. On faisait beaucoup d'onc-

(1) HÉRODOTE, *Histoire*, liv. IV, ch. LXXV.

tions, dans les cérémonies antiques. On en faisait beaucoup trop. Avant de pénétrer dans l'antre de Trophonius, on était frotté d'huile par tout le corps, et bientôt on était plongé dans un état de torpeur pénible... Qu'y avait-il dans cette huile ?... Au cours du voyage que l'on faisait (ou que l'on croyait faire) sous terre, on tombait dans une sorte de délire ; on voyait des choses étranges ; on entendait les bruits les plus formidables ; on perdait le sentiment. Puis, revenu à la lumière, on se hâtait de fuir, en réfléchissant aux manifestations dont les dieux vous avaient gratifié. A la suite des absorptions cutanées ou pulmonaires qu'avaient subies les consultants, il n'était pas rare de les voir rester hébétés, sombres, taciturnes, à peu près idiots leur vie durant. Aussi, quand on voyait quelqu'un longtemps soucieux, on lui demandait : « *Et quoi ?... Tu as donc été consulter l'oracle de Trophonius ?...* »

Salverte a donc parfaitement raison quand il dit (1) :

« Tout est-il imposture dans ce que rapportent les poètes et les romanciers de l'effet des *onctions magiques* ? Il est difficile de le penser. Les ingré-

(1) E. SALVERTE, *loco citato.*

dients dont elles se composaient avaient sûrement
une efficacité quelconque. Nous supposons qu'au
sommeil qu'elles déterminaient se mêlaient des
songes lubriques (1) ; supposition d'autant plus
probable, que c'était surtout l'amour contrarié ou
l'amour trahi qui en employait le secours. En proie
à sa passion, qu'une femme en fit usage : préoccupée
de ses désirs et de l'espoir de les voir satisfaire,
elle s'endormait ; il était naturel qu'un espoir unique
occupât ses songes, et que bientôt elle attribuât aux
caresses de l'être adoré les émotions voluptueuses
que lui prodiguait le *sommeil magique.* A son
réveil, pouvait-elle douter qu'un charme aussi puissant que délicieux ne l'eût transportée dans les
bras de son amant, ou n'eût rendu à ses vœux un
infidèle ?

« Ce que demandait aux enchantements la passion
ou la curiosité, l'*onction magique* le faisait ainsi
obtenir en rêve ; mais d'une manière si prononcée,

---

(1) On n'avait qu'à ajouter des aphrodisiaques à l'onguent,
à l'huile, au liquide quelconque, au *parfum magique* employés. Et il en était invariablement ainsi, pour donner
satisfaction au client et lui faire largement payer sa consultation.

qu'il était impossible de ne pas prendre l'illusion
pour la réalité.

« Voilà ce que prouve l'histoire des procès de
sorcellerie, procès dont le nombre surpasse l'imagination. C'est la nuit, au milieu de leur sommeil,
que les sorciers (1) sont enlevés et transportés au
Sabbat. Pour obtenir cette faveur, cette *illusion*,
ils ont dû, le soir, se frotter d'une pommade dont
ils cherchent et dont souvent ils ignorent la composition, mais dont les effets sont précisément ceux
que nous venons de signaler. »

29. — Les effets physiologiques des parfums sur
l'homme ne sont pas moins remarquables — (*parfums, odeurs, fumigations, émanations, exhalaisons*, etc., c'est la même chose sous vocables
différents).

Plusieurs provoquent le sommeil, comme celles
de l'*opium*, de beaucoup d'espèces de *solanées*, de
la *jusquiame*, du *stramonium*, des fleurs de *pavots*, du *noyer*, du *sureau*, etc. Tout le monde sait
qu'en se reposant sous un sureau ou sous un noyer,

(1) Tout individu qui était *soi-disant* allé au Sabbat (en
rêve, hélas! après application des liniments magiques)
prenait la qualification de sorcier ou de sorcière.

on est presque tout de suite saisi d'un sommeil profond, ou même d'une intense céphalalgie (1). Pendant les fortes chaleurs, la bétoine répand des émanations vives qui agissent sur les individus nerveux ; souvent, les personnes occupées à arracher cette plante deviennent comme ivres et chancellent, ainsi qu'elles le feraient après un copieux repas trop arrosé de vins généreux (2). Une femme éprouvait de violents maux de tête si elle sentait, même au loin, des vapeurs de soufre (3).

D'autres odeurs vont même jusqu'à produire des effets purgatifs ; Boyle dit qu'un de ses amis broyant de l'ellébore noir, tous ceux qui étaient dans la chambre furent purgés. Sennert assure la même chose pour la coloquinte. Smetius raconte que plusieurs personnes ont été purgées par la seule odeur de la boutique d'un apothicaire ; et Salmulth dit que le même effet eut lieu chez une dame qui avait fait prendre à sa servante des pilules *qui lui avaient été destinées à elle-même.*

(1) BOYLE, *De naturâ determin. efflux.*, in-4, p. 38.
(2) VALMONT DE BOMARE, *Dict. raisonné d'Histoire naturelle*, Paris, 1800, 15 vol. in-12.
(3) JOSEPH LAUZON. *Ephemerid. naturæ curiosorum*, dec. 2, ann. 2, obs. 140.

« Voici ce que j'ai vu moi-même chez une noble personne vierge, dit Schneider (1) : comme elle s'approchait du lit de sa sœur, pour lui faire prendre dans un verre une potion purgative, *l'odeur seule du médicament* suffit pour lui produire de l'effet et la purger, plus heureuse elle-même que sa sœur, qui avait bu la potion. »

Que l'on s'étonne après cela, de l'action extraordinaire des *parfums magiques* employés dans l'antiquité et au moyen âge !

Enfin, fait plus extraordinaire encore, Orfila (2) cite l'exemple d'une dame qui ne pouvait se trouver dans aucun lieu où l'on préparait une décoction de graine de lin, sans éprouver, quelques instants après, une tuméfaction considérable à la face, suivie d'une syncope.

Le docteur Hippolyte Cloquet, qui a écrit un excellent livre sur les odeurs, dit avoir recueilli une observation semblable à celle d'Orfila (3) ; bien des faits que nous citons dans ce paragraphe sont empruntés aux premiers chapitres de cet ouvrage.

(1) *De osse cribrif.*, p. 200.
(2) Traité des poisons, t. II, p. 431.
(3) *Osphrésiologie, ou Traité des odeurs, du sens et des organes de l'olfaction.* Paris, 1821, in-8.

Les odeurs, dit-il, produisent quelquefois des effets beaucoup plus dangereux. Ainsi Chardin
raconte que, lorsqu'on enlève sur l'animal la po-
che qui renferme le musc, il faut que le chasseur
ait le nez et la bouche bien fermés d'un linge plié
en plusieurs doubles, sans quoi il éprouve des hé-
morrhagies violentes, à cause seulement de la force
de l'odeur. Lui-même, quand il achetait cette substance, il était obligé d'user de précautions analogues pour se préserver des mauvais effets de ces
exhalaisons (1). Tavernier affirme la même particularité (2). Enfin le docteur Barton, peignant d'a-
près nature le *pothos fétide* (3), contracta une
ophtalmie très grave par l'effet des émanations pé-
nétrantes et alliacées de cette plante aroïde (4).

Ainsi encore les émanations de la racine d'ellébore blanc causent à ceux qui l'arrachent sans pré-
caution de violents vomissements. Des hommes
qui dormaient dans un grenier où l'on avait dissé-

(1) *Voyages de Chardin.* Amsterdam, t. II, p. 16.
(2) *Les six voyages de J.-B. Tavernier en Perse, en Tur-
quie et aux Indes,* Rouen, 1713, t. IV, p. 75.
(3) *Dracuntium fœtidum.*
(4) *Journal complémentaire du Dictionnaire des Sciences
médicales,* mars 1819, pp. 91 et 92.

miné des racines de jusquiame pour en écarter les
rats, se réveillèrent atteints de stupeur et de céphalalgie ; l'un d'eux éprouva des vomissements et une
hémorrhagie nasale abondante (1). Une foule d'autres plantes dégagent des parfums nocifs et parfois
mortels.

On a vu les vapeurs de l'arsenic, respirées par le
nez, causer aussi la mort, et c'est ainsi, dit-on, que
le célèbre Dippel termina sa vie (2). Le pape Clément VII fut tué par la fumée qui s'exhalait d'une
torche qu'on portait devant lui (3), et qui renfermait très probablement dans sa composition du
nitrate d'arsenic : que de beaux crimes, que de
magnifiques, adroits et subtils assassinats et em-
poisonnements, à ces peu regrettables époques de
fièvre religieuse ! Du reste, les anciens furent de
bons maîtres pour les empoisonneurs du moyen
âge, et ceux-ci transmirent leurs talents aux empoisonneurs des siècles suivants, surtout du siècle
de Louis XIV. Les vieux auteurs grecs et latins présentent une foule de passages propres à prouver

(1) GARDANNE, *Gazette de la santé*, 1773 et 1774.
(2) HALLER, *Elementa physiologiæ*, t. V, p. 161.
(3) AMBROISE PARÉ, liv. XXI, ch. 10.

que les matières odorantes ont souvent servi à déguiser ou même à composer des poisons.

30. — Dans l'histoire du peuple hébreu, *choisi
de Dieu*, et qui n'est qu'une accumulation de récits
de massacres, de viols, d'incestes et d'abomina-
tions de toutes sortes, il existait une loi que nous
ne saurions passer sous silence, car elle offrait le
champ large au prêtre qui avait à l'appliquer, pour
satisfaire les mauvais instincts ou la haine des maris et surtout des amants éconduits :

Au chapitre V des Nombres, voici ce que nous
lisons :

11. — Le Seigneur parla encore à Moïse et il lui
dit :

12. — Parle aux enfants d'Israël et dis-leur :
lorsqu'une femme sera tombée en faute, et que,
méprisant son mari,

13. — Elle se sera approchée d'un autre homme,
en sorte que son mari n'ait pu découvrir la chose
et que son adultère demeure caché, sans qu'elle
puisse être convaincue par des témoins, parce
qu'elle n'a pas pu être surprise pendant son acte ;

14. — Si le mari est transporté de l'esprit de ja-

6

lousie contre sa femme qui aura été souillée vérita-
blement, ou qui en est faussement accusée ;

15. — Il la mènera devant le prêtre, et présentera pour elle en offrande la dixième partie d'une
mesure de farine d'orge ; il ne répandra pas
d'huile par dessus, et il n'y mettra pas d'encens,
parce que c'est un sacrifice de jalousie et une oblation pour découvrir l'adultère.

16. — Le prêtre l'offrira donc et la présentera
devant le Seigneur.

17. — Et ayant pris de l'eau sainte dans un
vase de terre, il y mettra un peu de la poussière du
pavé du tabernacle.

18. — Alors la femme, se tenant debout devant
le Seigneur, le prêtre lui découvrira la tête, et lui
mettra sur les mains le sacrifice destiné pour re-
nouveler le souvenir de son crime et l'oblati n de
la jalousie ; et il tiendra lui-même entre ses mains
les *eaux amères*, sur lesquelles il a prononcé les
malédictions avec exécration.

19. — Il conjurera la femme et lui dira : Si un
homme étranger ne s'est pas approché de toi, et si
tu ne t'es pas souillée en quittant le lit de ton mari,

ces eaux très amères que j'ai chargées de malédictions ne te nuiront pas.

20. — Mais si tu t'es retirée de ton mari, et si tu
t'es souillée en approchant d'un autre homme,

21. — Ces malédictions tomberont sur toi. Que
le seigneur te rende un objet de malédiction et un
exemple pour tout son peuple : qu'il fasse pourrir
la cuisse (1), et que ton ventre crève après s'être
enflé.

22. — Que ces eaux de malédiction entrent dans
ton ventre ; et que ta cuisse s'étant enflée, ta cuisse
se pourrisse. Et la femme répondra : Qu'il en soit
ainsi ! qu'il en soit ainsi ! (*amen ! amen !*).

23. — Alors le prêtre écrira ces malédictions sur
un livre, et il les effacera ensuite avec ces eaux
amères qu'il aura chargées de malédictions.

24. — Et il les lui donnera à boire, et elles entre-
ront en elle.

25. — Le prêtre lui retirera des mains le sacrifice
de jalousie : il l'élèvera vers le Seigneur, et il les
mettra sur l'autel après avoir,

---

(1) Le mot *cuisse*, ici, n'est qu'un euphémisme, en hébreu.
Ce n'est pas précisément de la cuisse qu'il s'agit.

26. — Séparé une poignée de ce qui est offert en sacrifice, afin de la faire brûler sur l'autel ; et qu'alors il donne à la femme les eaux très amères (1).

27. — Lorsqu'elle les aura bues, si elle a été souillée, et si elle a méprisé son mari en se rendant coupable d'adultère ; elle sera pénétrée par ces eaux de malédiction ; son ventre enflera, et sa cuisse pourrira ; et cette femme deviendra un objet de malédiction et un exemple pour tout le peuple.

28. — Que si elle n'a pas été souillée, elle n'en ressentira aucun mal, et elle aura des enfants.

29. — C'est là la loi du sacrifice de jalousie, etc.

On comprend combien d'infamies devaient se commettre sous le couvert de cette loi aussi sacrée qu'inepte et ridicule, et combien la femme était irrémédiablement perdue si, — trop belle, malheureusement, — elle s'était attiré la haine d'un puissant personnage de la tribu ou du prêtre chargé de la petite opération. Qu'on se figure la douce et jolie Esmeralda devant le terrible Claude Frollo, et buvant les *eaux très amères* préparées par le

(2) Il les lui a déjà données au verset 24.

saint et austère archidiacre de Notre-Dame de Paris..., qui était fou d'amour pour elle.

31. — Mais voici d'autres exemples d'*idiosyn-crasies*, d'effets produits par les odeurs ou parfums sur l'organisme.

Schneider cite une femme adorant tous les parfums, hormis celui des fleurs d'oranger ; elle se trouvait mal en respirant celui-là. Chez une dame, cette odeur déterminait des spasmes violents (1).

Un soldat perdait connaissance quand il sentait l'odeur de la pivoine (2).

Une jeune femme perdait la voix lorsqu'on lui mettait sous le nez un bouquet de fleurs odorantes (3).

Une autre dame était également frappée d'aphonie, quand elle sentait du musc ; il lui fallait prendre un bain froid pour recouvrer la voix (4).

L'odeur de la rose incommodait vivement Grétry et le peintre Vincent.

(1) Piesse, *Des odeurs, des parfums et des cosmétiques*, Paris, 1865, in-12.
(2) *Ephémérides des curieux de la nature*, 1760.
(3) Marriones, *Journal de physique*, 1780.
(4) Odier.

La même odeur provoquait une ophtalmie à un négociant (1).

Jean Quercet, secrétaire de François Ier, ne pouvait supporter l'odeur d'une pomme.

Mlle Contat et le duc d'Epernon s'évanouissaient à l'odeur du lièvre. Un autre homme s'évanouissait à l'odeur du bouillon d'écrevisses (2).

Montaigne dit avoir vu des gens « fuir la senteur des pommes plus que les arquebusiers ».

Les anciens, nous ne l'ignorons pas, employaient l'*assa fœtida* en assaisonnement, et nous nommons *stercus diaboli* cette gomme-résine que les Asiatiques appellent le *manger du bon Dieu*... — Des goûts et des couleurs... les Groënlandais avalent l'huile de baleine, à l'odeur effroyable, comme nous buvons une excellente bouteille de vieux Bordeaux.

Dans la Basse-Cochinchine, les œufs couvés et puants sont un simili-régal ; dans ce même pays, le poisson archi-pourri et transformé en une exécrable substance huileuse, dénommée *noc-mam*,

---

(1) LEDELIUS, *Ephémérides des curieux de la nature*, 1779.
(2) WAGNER, *Journal de Hufeland*, 1811.

coûte fort cher et constitue un véritable régal, —
pas plus dégoûtant d'ailleurs que la chair faisandée
c'est-à-dire corrompue, en action de putréfaction,
dont certains gourmets (?) font chez nous leurs dé-
lices.

Salmuth cite une jeune fille qui n'avait pas de plus
grand plaisir que de flairer l'odeur moisie des vieux
bouquins.

Un jurisconsulte adorait l'odeur du fumier, du
purin le plus concentré, et une autre personne re-
cherchait ardemment celle de la boue (1).

Samuel Ledel cite une femme qui ne pouvait supporter l'odeur des roses rouges, et qui se parait de
roses blanches ; le médecin légiste Paul Zachias ne
pouvait, au contraire, sentir les roses blanches.

Une des parentes de Scaliger tombait en syncope
à la vue d'un lis, et elle était persuadée qu'elle suc-
comberait bientôt si elle en respirait le parfum.

Louis XIV, dit Dolaeus (2), ne pouvait supporter
aucun parfum.

Boyle rapporte un fait remarquable : il connais-

(1) *Ephémérides des curieux de la nature* ; déc. 3, 3ᵉ ann.,
appendice, p. 108.
(2) *Encyclopædia medicalis*, lib. V, p. 867.

sait une dame sur qui l'odeur des roses, *quoi-qu'elle lui fût agréable*, allait jusqu'à produire l'évanouissement, si on n'éloignait promptement les fleurs en question. Se trouvant à certaine cour dont elle faisait partie, elle s'entretenait avec la princesse entourée de ses femmes. Elle sentit soudain un malaise inconnu qu'elle dissimula d'abord; le respect l'empêchait de se retirer, et cela faillit lui coûter cher. Cependant la princesse, qui la connaissait intimement, remarqua l'altération de son visage et en soupçonna la cause, *dont la jeune personne ne se doutait pas.* Elle s'empressa de demander s'il n'y avait pas des roses sur quelque dame de la compagnie ; une dame, qui effectivement en portait, les retira bientôt, et l'indisposition de la malade ne fut pas portée au dernier point.

32. — Le sang d'une femme attaquée de fièvre ataxique répandit une si mauvaise odeur, que le chirurgien et les assistants tombèrent en syncope (1).

La sérosité d'un hydropique détermina de

(1) MORTON, *Appar. curat. morb. univ.*, p. 11.

l'anxiété et de la dyspnée chez ceux qui en respirèrent les émanations (1).

Dans le lazaret de Venise, pendant qu'un grand nombre de malades étaient atteints de ptyalisme mercuriel, un homme sain était couvert de pustules au bout de quelques heures (2).

Lors du séjour de nos armées à Vienne, le vénérable J.-P. Frank raconte que l'un de ses fils, après s'être livré à quelque fatigue pendant la nuit, arriva le matin, à l'hôpital, près d'un homme atteint du typhus. Dans ce moment on découvre le malade ; les effluves qui s'échappent de son corps frappent le jeune étudiant qui, en peu d'heures, est enlevé à l'affection des siens (3).

C'est de la même façon que mourut le professeur Leclerc.

Mais les odeurs désagréables ou putrides ne sont pas les seules qu'on doive redouter : il faut aussi se méfier des odeurs agréables ; souvent elles contien-

---

(1) VAN SWIETEN, *In aphoris*, 89 ; t. I, p. 215.

(2) ABRAHAM TITSING. *Cypria. tot schrick van haar*, etc. Amsterdam, 1742, p. 149.

(3) FOURNIER PESCAY, *Dict. des Sc. médic.*, t. XI, p. 225.

nent quelque chose qui peut les rendre extrêmement nuisibles.

L'histoire moderne nous apprend que l'empereur Henri VI et un prince de Savoie furent empoisonnés à l'aide de gants parfumés.

Préparé de même par une dame de Florence, un manchon fit périr le célèbre Lancelot ou Ladislas, dit le *Victorieux*, roi de Naples (1).

La mère de Henry IV, Jeanne d'Albret, reine de Navarre, mourut ainsi d'une maladie très aiguë, qui commença après qu'elle eut acheté des gants et des collets parfumés chez un nommé René, venu de Florence avec Marie de Médicis, — dont la réputation d'empoisonneuse n'était plus à faire (2).

Il existe aussi un grand nombre de fleurs odorantes dont les émanations portent sur les nerfs une véritable irritation. De là, tant de syncopes, d'asphyxies et de morts occasionnées par ces fleurs dans un air confiné. Lémery raconte que deux personnes, qui restèrent pendant cinq à six heures dans une chambre où il y avait des roses pâles,

(1) Thomas Capellini, *Mémoire sur l'influence des odeurs.*
(2) Mézerai, *Hist. de France.* — Voltaire, note 18 du 2ᵉ chant de la *Henriade.*

furent purgées violemment, comme si elles avaient absorbé un éméto-cathartique (1). Cromer dit que l'odeur de ces mêmes fleurs causa la mort d'un saint évêque (2), et c'est aussi pour avoir respiré leur parfum que périt une des filles de Nicolas Ier, comte de Salm (3).

33. — Les fleurs dont les émanations sont nuisibles sont principalement douées, au reste, d'une odeur suave et comme nauséeuse: tels sont les lis, les narcisses, le seringa, les tubéreuses, la violette, le sureau, la rose ; tandis que celles qui répandent une odeur aromatique, comme celles de la sauge, du romarin, etc., semblent, au contraire, propres à ranimer l'énergie vitale : *fulcite me floribus, stipate me malis, quia amore langueo*, s'écrie la jeune Sulamite du *Cantique des cantiques*: « Soutenez-moi avec des fleurs, entourez-moi de fruits du pommier, car je languis d'amour.»

Aussi les anciens, grands amateurs de tous les genres de jouissances, et mettant en pratique cette

(1) *Mémoires de l'Académie royale des Sciences*, 1699.
(2) *De rebus polonicis*, lib. VIII.
(3) Dictionnaire de Moreri, article *de Salm*.

maxime que *la sensation est aussi nécessaire à l'âme que l'exercice l'est au corps*, recherchaient les odeurs agréables (et même les désagréables, comme l'*assa fœtida*) avec un empressement tout particulier.

Fodéré a décrit ainsi les effets produits sur lui par une mandragore épanouie (1) :

« J'avais cueilli dans la campagne une belle fleur, une mandragore, que je plaçai par inadvertance sur la table de mon cabinet de travail. Après être resté quelque temps à travailler dans ce local, portes et fenêtres fermées, je fus pris de vertige, de faiblesse, puis d'une langueur telle que j'avais peine à me soutenir. Je ne songeais plus à la mandragore ; mon premier mouvement fut d'ouvrir la fenêtre, ce que je fis en m'appuyant, par hasard, sur la plante, qui exhala une odeur fortement nauséabonde. Je reconnus alors la cause des accidents que j'éprouvais, lesquels se dissipèrent aussitôt que j'eus jeté la plante vénéneuse par la fenêtre. »

84. — Jean-Baptiste Porta a longuement écrit sur l'influence des odeurs et des parfums, et sa *Magia naturalis*, d'après M. Gilbert, ne serait

(1) *Atropos mandragora.*

autre chose, dépouillée des allusions mystiques dont elle est remplie et embarrassée, qu'un véritable *Traité des poisons* agrémenté d'une foule de formules magiques auxquelles, très probablement, il était le premier à ne pas croire.

« La magie naturelle de Giambattista Porta, dit M. Gilbert (1) dans l'analyse de cet ouvrage célèbre, n'est, malgré les réticences et les précautions oratoires de l'auteur, qu'un véritable *Traité de toxicologie*. Porta insiste sur la puissance des narcotiques qu'il énumère, établissant trois degrés bien tranchés dans leur action : la narcotisation, l'aliénation mentale momentanée, et la mort (2). Que l'on force quelque peu la dose du philtre destiné à produire la simple narcotisation, et le sujet tombe dans l'hallucination ; il a d'étranges visions et se croit transporté dans un monde merveilleux ; qu'on la double, et le délire amène promptement la mort.

« Ces hallucinations, que l'on obtient à l'aide de la jusquiame, de la belladone, du stramonium ré-

(1) E. GILBERT, *Coup d'œil sur les poisons et les sciences occultes*, Moulins, 1876, in-12.
(2) *Magia naturalis, De medicamentis*, lib. VIII, p. 151, Naples, 1589, in-folio.

duits en poudre et mélangés avec les aliments, peuvent, dit Porta dans le chapitre consacré à la cui-
sine, produire les effets les plus étranges : sous
leur influence, les convives se croient transformés
en bêtes ; on les voit faire les gestes de brouter
l'herbe comme les bœufs, de nager comme les
poissons et de barboter comme les canards dans
les mares.

« Le livre II de l'ouvrage de Porta traite de l'*onction magique*, par laquelle l'être humain dépouillé,
prétend-il, des liens matériels du corps, et doué
d'une puissance merveilleuse de locomotion aé-
rienne, se trouve en quelques instants transporté
au milieu des scènes étranges du sabbat. Porta fait
du *solanum somniferum* la base de cette onction
magique, tandis que Cardan y fait entrer de la *jusquiame* et de *l'opium.* » — (Voyez le § 53.)

Les trois substances se valent pour abrutir et affo-
ler l'être humain, et on leur doit la mort violente,
par le glaive, la pendaison ou le bûcher, de milliers de misérables qui certifiaient avoir été au sabbat, avoir vu Satan et sa femme, et avoir cohabité

avec tel ou tel esprit infernal, incube ou suc-
cube (1).

Voilà les *parfums* et les *onguents magiques*
de l'antiquité et du moyen âge.

Et non seulement ces drogues vénéneuses étaient

(1) « Pour attirer les sylphes, les nymphes ou les gnomes,
« il n'y a qu'à fermer un verre plein d'air, conglobé d'eau,
« le laisser exposé au soleil un mois, puis séparer les élé-
« ments selon la science. C'est un merveilleux aimant pour
« attirer sylphes, nymphes et gnomes », dit l'abbé de Mont-
faucon de Villars dans son livre cabalistique intitulé : *Le
comte de Gabalis.*

Quand les belles habitantes de l'Au-delà sont en votre
présence, vous en choisissez une, et elle se montre aussi
bonne personne qu'une mortelle en chair et en os.

Seulement, il faut lui être fidèle, car elle ne supporte pas
'de concurrente; et, si elle est trahie, sa colère est terrible :
« Leur jalousie est cruelle, continue l'abbé, comme le divin
« Paracelse nous l'a fait voir dans une aventure qu'il ra-
« conte et qui a été vue de toute la ville de Stauffenberg.
« Un philosophe, avec qui une nymphe était entrée *en com-
« merce d'immortalité* »... — (ne pas imprimer d'*immora-
lité*) — « ... fut assez malhonnête homme pour aimer une
« femme. Comme il dinait avec sa nouvelle maitresse et
« quelques-uns de ses amis, *on vit en l'air la plus belle
« cuisse du monde.* L'amante invisible voulut bien la faire
« voir aux amis de son infidèle, afin qu'ils jugeassent du
« tort qu'il avait de lui préférer une femme. Après quoy,
« la nymphe indignée le fit mourir sur l'heure. »

Elle ne fit que son devoir. Pour être nymphe, on n'en est
pas moins femme.

mélangées dans les aliments et les breuvages, mais
on les faisait macérer dans un récipient quelconque ; on les y laissait séjourner un temps parfois
très long ; puis, le récipient débarrassé de ces substances toxiques, on y renfermait les objets à em-
poisonner : *gants, scapulaires, sachets, cucu-
phes*, etc., et, quand ils s'étaient bien imprégnés
du poison, dont le âcres ou fétides émanations
étaient déguisées sous un parfum suave, on faisait
don de ces objets à la personne condamnée.

Il paraît que l'Italie, Florence surtout, était la
terre classique de ces *parfums magiques*, bons
à tout faire.

IV

Sachets parfumés. — Amulettes et talismans parfumés. Les magiciens proscrits à Rome. — Fumigations, chez les anciens. — Le *curculio antiodontalgicus*.

35. — Un autre moyen d'utiliser les parfums, soit naturels, soit (ce qui est la même chose) magiques, fort usité jadis et encore en usage aujourd'hui (1), c'est le SACHET.

Le sachet est un petit sac de mousseline conte-

(1) Les sachets les plus en usage généralement (comme médicaments, bien entendu) sont les suivants :

Sachet résolutif ammoniacal. — Parties égales de sel ammoniac et de chaux éteinte.

Sachet stomachique. — Giroflée, 7 parties; marjolaine, 15; romarin, 30.

Sachet ioduré. — Iodure de potassium, 10 grammes ; sel ammoniac, 80 grammes.

Sachet antirhumatismal. — Camphre, 8; benjoin, 10; euphorbe, 10; sel ammoniac, 20.

nant des substances médicamenteuses, et destiné
à être appliqué sur la partie malade pour y faire
pénétrer les émanations de ces substances ; on lui
donne la forme qui s'adapte le mieux à cette partie :
ceinture, collier, cravate, bracelet, simple sachet
carré, ou triangulaire, ou en forme de cœur, de
losange, etc. Dans tous les cas, ils doivent être
piqués, comme le sont les matelas ou certaines
couvertures rembourrées, pour assurer la réparti-
tion uniforme des poudres médicamenteuses ou
aromatiques qui y sont contenues.

Le sachet destiné à être appliqué sur la tête se
faisait en forme de bonnet double, piqué, lui aussi,
et dans l'intervalle des deux étoffes l'on disposait
la poudre destinée à soulager le malade.

Ce sachet prenait le nom de *cucuphe*, et on
l'employait fort autrefois. Charles-Quint se garan-
tissait de ses vertiges en se mettant un cucuphe
rempli de poudre de vers à soie desséchés.

On conçoit la facilité avec laquelle un bon sorcier pouvait faire passer de vie à trépas un brave
homme, — surtout s'il était préalablement chauve
ou si on lui persuadait de se faire raser la tête, —

en lui appliquant un cucuphe garni de *poudres magiques...*

Très souvent aussi, le sachet porté sur le corps était un objet de luxe, de coquetterie. Dans les pays orientaux, où l'amour des parfums est porté à un degré si excessif, les femmes portaient des sachets contenant uniquement des aromates.

Dans le *Cantique des cantiques* (1), la belle Sçulamite, parlant de son bien-aimé, dit : « Mon bien-aimé est avec moi comme un sachet de myrrhe ; il passera la nuit entre mes deux mamelles. »

86. — De même que les sachets, les AMULETTES et les TALISMANS se portaient suspendus au cou, sous les vêtements, ou attachés aux bras. Ces objets étaient destinés à écarter les dangers de toutes sortes et les maléfices des sorciers. Eux aussi contenaient le plus souvent des *parfums magiques.*

« Le célèbre physicien Boyle, dit l'abbé Mallet (2), les allègue comme des preuves qui constatent, *par le grand nombre d'émanations qui passent de*

_____

(1) Chapitre 1, verset 13.
(2) *Encyclopédie de Diderot*, t. I, p. 383.

ces médicaments dans le corps humain, com-
bien ce dernier est poreux et facilement péné-
trable. Il ajoute être persuadé que plusieurs de
ces médicaments ne sont pas sans effet, parce que
lui-même ayant été sujet à un saignement de nez,
après bien des remèdes tentés inutilement, n'en
trouva pas de plus efficace que de la poudre de
crâne humain appliquée sur la peau autant seulement qu'il le faut pour qu'elle s'échauffe.

« Le même M. Boyle fait voir combien les *émanations* qui sortent même des amulettes *froides*
sont capables de pénétrer dans les pores des animaux vivants, en supposant quelque analogie entre
les pores de la peau et la figure des corpuscules.
Bellini a fait tout ce qu'il a pu pour démontrer la
possibilité de cette introduction des corpuscules
des amulettes dans le corps humain, dans ses der-
nières propositions *De febribus.* Wainwright et
autres l'ont démontré aussi.

« Zwelfer, à ce sujet-là, apprit un fait très particulier du premier médecin de Moravie qui, ayant
préparé quelques trochisques de crapaud, de la
manière prescrite par Van Helmont, trouva que,
non seulement, portés en amulettes, ils le préser-

vaient, lui, ses amis et ses domestiques, de la
peste, mais même qu'appliqués sur le mal de ceux
qui étaient déjà pestiférés, ils les soulageaient considérablement et en guérissaient quelques-uns. »

Boyle, Bellini, Wainwright et Zwelfer ne furent
pas les seuls à croire que le contact d'une substance
médicamenteuse contenue dans une amulette avait
de l'efficacité sur le corps humain : Galien, Diosco-
rides, Plater, Schreder, Ant. Legrand, Liébault,
Fernel, Willis, Hartmann, Bartholin, Rhumelius,
Wedel, Degner, Van Helmont, Meyssonnier, Sennert, Th. Bonnet et une foule d'autres, tous grands
médecins, l'affirmèrent aussi, — comme l'affirment
également les fabricants de plaques quelconques,
zinc et cuivre, qui promettent à tout acheteur le
retour à la santé et la force de Samson.

Périclès, d'après Plutarque, portait sur lui des
amulettes et des talismans.

Le grand Pascal avait, cousue dans ses vêtements,
une inscription curieuse et indéchiffrable qu'on y a
retrouvée (1). Le prince de Metternich ne quittait
jamais l'amulette que lord Byron lui avait donnée.

86 (*bis*). — Du reste, sous l'Empire romain, l'on

(1) *Dictionnaire des superstitions*, par CHESNEL, p. 1177.

fut obligé de sévir contre les magiciens qui guérissaient les fièvres et autres maladies au moyen
d'amulettes, de talismans, de paroles magiques, in-
cantations, conjurations, etc. Les abus étaient devenus trop criants, et les empereurs appliquèrent
sans sourciller la peine de mort à ceux qui seraient
convaincus de ces pratiques, même, hélas ! à ceux
qui utiliseraient les connaissances traditionnelles
que l'on possédait sur la vertu des fleurs féminines
mensuelles (22) : Spartien nous dit que Caracalla
décréta la peine de mort contre tout individu pris
sur le fait (1) ; Ammien Marcellin (2) dit que Valen-
tinien fît exécuter une vieille femme qui guérissait
les fièvres intermittentes par des paroles magiques,
et décapiter un malheureux enfant qui touchait un
marbre en prononçant à haute voix certaines lettres
de l'alphabet, pour se guérir d'un mal d'estomac.

Au fait, la croyance aux talismans et aux amulettes est aussi ancienne que le monde. Il en est
très souvent question dans la Bible ; les juifs les
appelaient *téraphim* (תרפים) ; Grecs leur donnaient divers noms : περίαπτα, περιάματα, ἀποτρόπια,

---

(1) *Histoire Auguste*, Vie de Caracalla.
(2) *Histoire*, liv. XXIX.

ασαθέντα, φυλακτήρια, etc. ; les latins, eux aussi, leur donnaient diverses qualifications : *proba serva-toria, amuleta, amolimenta*, etc., etc.

37. — La fumée, les fumigations constituaient la pratique la plus souvent employée pour mettre les fidèles, les consultants, sous l'impression des plantes dont on faisait usage, soit dans les temples, soit dans les cérémonies privées.

Tout le monde connaît l'efficacité des bains de fumigations, et cette efficacité n'avait pas échappé aux anciens qui, s'ils ignoraient bien des choses que nous savons, en connaissaient d'autres, qui sont perdues pour nous. Ils ne connaissaient pas l'acide carbonique par son nom ; mais ils avaient remarqué que, dans telles grottes profondes, si l'on descendait trop bas, on risquait la mort (1) ; ils connais-

(1) Du reste Pomponius Mela parle d'une grotte de ce genre, une sorte de *grotte du chien* (DE SITU ORBIS, *liber I*, cap. XIII) : « ... Plus loin est encore une troisième caverne, appelée la caverne de Typhon ; elle est d'étroite ouverture et, au rapport de ceux qui y ont pénétré, *extrêmement basse* ; ce qui fait qu'elle est toujours obscure et qu'on ne peut aisément en connaître l'intérieur ; mais elle est remarquable sous deux rapports : elle fut autrefois, suivant la fable, la retraite de Typhon, et aujourd'hui, par une propriété naturelle, *elle tue à l'instant les animaux qu'on y plonge.* »

saient les résultats de l'inhalation, de la respiration
de certaines fumées, et — comme nous le démon-
trerons plus loin en parlant du *Kyphi* (**44**), — ils
masquaient l'odeur trop âcre d'un parfum avec
celle de plusieurs autres, ayant même reconnu que
ces mélanges avaient des propriétés particu-
lières (**28**).

C'est pourquoi, rappelons-le, avant de rendre
leurs oracles, les prêtresses se mettaient dans un
état particulier, la Pythie en respirant préalablement les émanations qui s'exhalaient de l'antre de
Delphes, et la prêtresse de Didyme en absorbant
longuement celles qui s'échappaient d'une source
ou fontaine sacrée (**25**, *in fine*). L'antre de Trophonius (**28**) devait sans doute posséder quelque
fosse saturée d'acide carbonique, où le malheureux
consultant était préalablement asphyxié à demi :
les fumigations faisaient le reste, et la mise en
scène brochait sur le tout.

38. — Pline mentionne un nombre considérable
de fumigations ayant d'extraordinaires propriétés
sur l'organisme.

Ce sont des *fumigations* absolument *magiques*,
si réellement elles ont (ou avaient, à ces épo-

ques de crédulité) les vertus qu'on leur attribuait :

La fumée du sabot d'âne active l'accouchement et fait même sortir les avortons (1).

La fumée de bouse de taureau empêche la chute de la matrice, et facilite l'accouchement (2).

On regarde comme très utiles à la matrice les fumigations faites avec la corne de chèvre et le poil de chameau (3).

Les sauterelles employées en fumigations guérissent la strangurie, surtout chez les femmes (4).

La fumigation faite avec une couleuvre desséchée est emménagogue (5).

Etc., etc.

39. — Mon Dieu, il ne faudrait pas trop s'insurger tout de même, contre ces croyances d'il y a des milliers d'années, puisque nous voyons aujourd'hui que le simple contact d'un insecte suffit pour donner aux doigts la faculté de guérir le plus violent mal de dents...

(1) PLINE, *Histoire naturelle*, XXVIII, 77.
(2) *Ibidem.*
(3) *Ibidem.*
(4) XXX, 43.
(5) *Ibidem.*

Parfaitement. Ici, ce n'est pas une fumigation : c'est très probablement l'émanation, le *parfum* de l'insecte, resté sur les doigts, qui provoque le phénomène.

Voici ce qu'on peut lire dans l'*Histoire critique du magnétisme animal,* par J.-P.-F. Deleuze, 2ᵉ édition, Paris, 1819, tome second, page 189 :

« M. Gerbi, professeur à Pise, découvrit, en 1794, sous le nom de *Curculio antiodontalgicus,* un insecte auquel on attribue une propriété bien singulière. On prétend que si l'on broie une douzaine de ces insectes entre le pouce et l'index, jusqu'à ce qu'ils aient perdu leur humidité, ces doigts conservent pendant un an la faculté de guérir la douleur de dents provenant de carie : *il suffit pour cela d'en toucher le creux de la dent gâtée.* Sur 629 expériences, 401 ont réussi. Plusieurs savants ont reconnu la même propriété à d'autres insectes coléoptères ; et M. Hirsh, dentiste de la cour de Weimar, a assuré, dans les papiers publics, qu'il s'était servi avec succès de la *Coccinella septempunctata.*

« Je suis bien éloigné de croire qu'un insecte puisse communiquer aux doigts une vertu cura-

tive (1) ; mais celui qui en est persuadé touche avec
volonté et confiance, et il réussit souvent, comme
il m'est arrivé quelquefois, sans avoir jamais broyé
entre mes doigts aucun coléoptère. »

Et, *en note*, il ajoute :

« On trouve dans le journal physico-médical de
Brognatelli, tome VII, une lettre de M. Carradori,
datée du 30 septembre 1793, sur la vertu odontal-
gique de plusieurs insectes. Ce savant, *s'étant convaincu du succès des expériences faites avec
le* curculio *de M. Gerbi,* a cherché si d'autres
coléoptères n'avaient pas la même vertu, et il en a
trouvé plusieurs qui la possédaient à un degré plus
ou moins remarquable. Il a ensuite voulu découvrir la cause du phénomène, mais il n'a pu arriver
qu'à des conjectures. « Si vous me demandez, dit-
il, pourquoi ces insectes ont cette propriété, je vous
répondrai que je l'ignore. Mais, d'après leur odeur,
je présume qu'ils contiennent un parfum volatil
qui agit sur les nerfs. Je pense, ajoute-t-il plus bas,
que ces *effluves* ont une vertu anodine qui modi-

(1) Et pourquoi ?... Un poison communique bien aux
doigts une vertu nocive.

fie le système nerveux de manière à le rendre insensible au stimulus de la douleur. »

Carradori ne paraît pas persuadé que les doigts conservent longtemps la vertu que l'insecte leur a communiquée, quoiqu'il dise que plusieurs personnes ont cette opinion. Il pense même que le mieux est de toucher la dent immédiatement après avoir touché l'insecte (1). Ceci détruit en partie le merveilleux. Mais si cette explication est vraie, on a droit de s'étonner qu'un remède si simple et si facile étant connu, on n'en fasse pas usage toutes les fois que quelqu'un a mal aux dents ; car, dans cette supposition, la confiance de celui qui l'emploie n'influera en rien sur le succès (2).

« On sait que la douleur de dents provenant de carie n'est pas constante ; ainsi, le magnétisme peut la dissiper pour un temps, quoiqu'il ne puisse en empêcher le retour. Au reste, j'ignore quelle est l'efficacité du magnétisme pour la guérison des maux de dents. Je n'ai fait que trois essais, dont

(1) C'est élémentaire.
(2) Parfaitement. Mais où se procurer les insectes ? ce n'est pas tout de vouloir : il faut pouvoir.

un seul m'a réussi (1). Il me paraîtrait bien surprenant que sur 629 personnes on en eût guéri
401.

« Je crois devoir traduire quelques passages du
mémoire de M. Gerbi. Les détails qu'il donne me
semblent prouver que les guérisons obtenues par
les moyens qu'il indique sont dues au magnétisme.

« La propriété que les doigts ont acquise par
l'insecte se conserve environ un an ; seulement, on
observe qu'elle s'affaiblit peu à peu, à mesure qu'on
touche un plus grand nombre de dents cariées.
Ce phénomène paraîtra incroyable à ceux qui n'ont
pas approfondi les lois de la nature ; mais il n'en
est pas moins vrai. C'est un fait confirmé par des
expériences que j'ai répétées un très grand nombre
de fois dans l'espace de quatre ou cinq ans, en em-
ployant les précautions nécessaires pour détruire
tout soupçon d'illusion.

« La douleur cesse quelquefois au premier attouchement ; d'autres fois, il faut toucher pendant huit

(1) Deleuze vient de dire (*voyez plus haut*) qu'il avait guéri
quelquefois des maux de dents, sans avoir jamais broyé
entre ses doigts aucun insecte coléoptère.

ou dix minutes, et recommencer trois ou quatre
fois, pour l'adoucir considérablement ou pour la
faire entièrement cesser.

« La douleur étant enlevée, il faut toucher à
nouveau deux ou trois fois pour en empêcher le
retour. La cessation de la douleur s'annonce ordi-
nairement par un certain mouvement intérieur,
semblable à un léger picotement, *vellicazione*, qui
se fait sentir à la dent et au doigt qui est en com-
munication avec elle. Un morceau de peau dans
lequel on a écrasé les insectes produit le même
effet lorsqu'on l'applique sur la dent avec le doigt ;
mais l'attouchement immédiat avec le doigt est
encore plus efficace.

« Toutes les espèces de maux de dents ne se guérissent pas ainsi, mais seulement les douleurs provenant de carie simple, et qui sont les plus fréquentes. Si la carie provient d'un vice général des
humeurs, la guérison n'est ni aussi facile ni aussi
durable. Souvent, la douleur qu'on a guérie ne
revient plus ; quelquefois elle revient après un intervalle plus ou moins long, et l'on est obligé
d'avoir recours au même moyen. »

« Il me semble, continue Deleuze après cette

citation du savant professeur Gerbi, que quand un homme qui est professeur de mathématiques dans une Université célèbre s'exprime d'une manière si positive, on ne peut supposer qu'il se soit constamment trompé sur les faits qu'il a vus. Si les expériences ont été répétées depuis sans succès, cela ne prouve point qu'elles n'aient point réussi à l'époque où M. Gerbi et plusieurs autres savants les ont attestées. Cela prouve seulement qu'elles n'ont pas été faites dans les mêmes conditions.

« Le mémoire de M. Gerbi, intitulé *Storia naturale d'un nuovo insetto,* a été imprimé à Florence en 1794. On en trouve un extrait fort étendu dans les *Opuscoli scelti di Milano,* tome XVIII, p. 94. »

Eh bien, si nous avions cité, au § 38 ci-dessus, où nous parlons de certains médicaments de Pline, cette rubrique : « *Ecrasez certains insectes dans votre main, et, pendant un an, vos doigts auront la faculté de dissiper les maux de dents* », qu'aurait pensé le lecteur ?...

C'est clair, n'est-ce pas ? Superstitions, bêtises, bourdes, non contrôlées par Pline, qui ne contrôlait d'ailleurs jamais rien (22).

Et pourtant voilà des savants, et non des moin-
dres, qui constatent aujourd'hui des faits parais-
sant extraordinaires — (rien n'est extraordinaire
dans la nature ; tout y est réglé et soumis à des
lois immuables ; elles furent immuables dès qu'elles se manifestèrent) — et nous nous récrions. Deleuze avait une raison pour se récrier : il voulait
absolument que le phénomène fût attribué au magnétisme inconscient de l'opérateur. Pourquoi ces
subtilités ? Mais tous, ou presque tous les insectes
ont en eux des matières visqueuses, huileuses, irri-
tantes, douces, suaves, etc., dont quelques-unes,
à distance, provoquent même des accidents graves ;
voyez les cantharides... Pourquoi donc une ou plusieurs de ces petites créatures n'auraient-elles pas
en soi une substance capable d'anesthésier une
gencive malade ou le nerf d'une dent cariée?... Il
n'y a là rien que de très naturel.

Par exemple, ce qui est moins naturel, c'est
l'obligation, pour l'écraseur de l'insecte, de ne plus
se laver les mains pendant un an, s'il veut conserver son pouvoir pendant ces 365 jours. S'il se les
lave une seule fois — généralement, même, on se

les lave au savon — il fait disparaître le liquide, l'essence, communiqués par le *curculio*.

C'est le seul point de la thèse qui nous laisse rêveur.

Et tout en rêvant (honni soit qui mal y pense !), nous nous rappelons incidemment cette joyeuse boutade d'Henry Monnier, nous représentant l'inénarrable Joseph Prudhomme, capitaine de la garde nationale, à qui Louis-Philippe, — général de la garde nationale, — fait l'honneur de lui serrer la main :

— Sire ! s'écrie l'homme au sabre légendaire, je jure que je ne me la laverai plus jamais de la vie !

V

Les parfums dans les temples. — Lettre d'*Aspasie* à
Périclès. — Cures dans les temples, par le sommeil
dû à la respiration des parfums sacrés. — Halluci-
nations. — Parfums sacrés chez les Egyptiens : le
Kyphi. — Divination par la fumée des sacrifices :
Caïn et *Abel*. — Parfums consacrés aux dieux.

40. — Le *magnétisme animal*, que Mesmer a
cru découvrir en 1770, était connu des anciens et
pratiqué dans les temples de l'Egypte et de la
Grèce. Apollonius de Tyane n'aurait pu faire ce
qu'on appelait des *miracles* (les miracles n'exis-
tent point) s'il n'avait pas connu les pratiques du
magnétisme. Et tant d'autres également. Ces
grands hommes connaissaient ce que peut la force
de la volonté ; ils savaient que l'invisible existe,
en dehors du visible ; et, sans se l'expliquer scien-
tifiquement peut-être (1), ils opéraient des cures

(1) Nous ne sommes pas plus avancés qu'eux, à ce point
de vue.

par cette seule force de volonté, cette émanation mystérieuse d'une partie infinitésimale de leur
être vigoureux et sain, agissant sur des êtres débi-
les, physiquement et moralement, qui ne deman-
daient, inconsciemment eux aussi, qu'un peu de
force psychique, c'est-à-dire inconnue mais soup-
çonnée (car rien n'est *surnaturel*, ne l'oublions pas)
pour obtenir un soulagement à leurs souffrances,
une guérison aux maux qui les accablaient (1).

Certes, et Salverte nous l'a dit tout à l'heure

(1) La matière, à son état de divisibilité extrême, doit évidemment obéir aux forces psychiques, aux forces de ce que
nous appelons l'*âme*, aux forces de la *volonté*. Qu'est-ce que
la volonté ? C'est une concentration des forces de notre être
dans un but déterminé. C'est notre vie, condensée par nous
dans notre cerveau, et que nous dardons vers un point, avec
la ferme intention d'y agir. Cette force agit, évidemment,
puisque l'effet voulu est obtenu. Vingt fois, nous avons fait
se retourner vers nous, au théâtre ou ailleurs, un homme
ou une femme assis devant nous, et, par conséquent, nous
tournant le dos. Notre *volonté* obtenait l'effet voulu au bout
d'une demi-minute à peine. Il y a évidemment dans ce phénomène, que chacun peut produire, un transport de matière,
car rien ne peut se faire dans le vide. Cette matière est mise
en branle par le *je ne sais quoi* qui agit dans notre cerveau. Et c'est pourquoi nous avons voulu commencer cet
ouvrage par une étude sur la matière considérée dans ses
quatre états.

(**28** *in fine*), les prêtres préparaient le consultant
par les émanations, les *parfums magiques* ; ils
se prêtaient au soulagement des malheureux souf-
frant non seulement d'une maladie physique, mais
d'une maladie morale : perte d'un époux, d'une
épouse, trahison d'un amant, d'une maitresse, etc. ;
ce n'était pas leur affaire, les consultants ne disaient rien. Ils imploraient l'assistance du dieu
auquel était consacré le temple, et ils subissaient
préalablement les cérémonies préliminaires, destinées à leur rendre le dieu favorable.

41. — Dans une lettre d'Aspasie à Périclès, on
voit que le sommeil, magnétique probablement,
était un moyen de traitement généralement employé
dans une foule de maladies. Aspasie raconte à Périclès les péripéties d'un voyage qu'elle fit pour
trouver la guérison d'un mal qui la torturait, et
comment elle fut guérie, dans le temple de Lycère,
pendant le *sommeil sacré*, c'est-à-dire le sommeil
magnétique, préalablement provoqué par les fumigations de plantes et de résines odorantes :

« ..... J'ai suivi exactement le conseil du sage
Noucratès. Je me rends d'abord à Memphis, où je
visite sans succès le temple d'Isis. J'ai vu la déesse

8

et son fils Orus, assis sur un trône supporté par
deux lions. De brillants fétiches ornaient son autel,
où le matin brûlait de l'encens, le jour de la
myrrhe, et, durant la nuit, s'exhalent les déli-
cieux parfums de Cyphis (**43**). Là j'appris que
le jeune Alexandre s'étant endormi dans le sanctuaire, on lui avait révélé dans un songe un remède
pour guérir son ami Timoléon, et que son vœu avait
été exaucé.

« Moi-même je m'endormis dans ce lieu sacré
sans obtenir aucune faveur, et l'on me dit que *mon*
incrédulité était la cause de mon malheur (1).
Je partis pour Patras, où je vis la déesse Hygie,
non pas telle que la représente Aristophane, agile,
gracieuse, ses robustes flancs ceints d'un léger
vêtement, tenant en main la coupe d'une muse d'où
s'élance un serpent : mais je la vis sous une forme
mystérieuse à cinq faces. Une fontaine sacrée s'of-

---

(1) N'est-ce pas la même chose aujourd'hui ?... Les somnambules plus ou moins extra-lucides, et toutes de Péronne,
on ne sait pourquoi, vous recommandent d'avoir la foi;
sinon, rien de fait. La nature n'a que faire de la foi. Elle
agit, purement et simplement. Qu'il ait la foi ou non, un
moteur électrique se met en mouvement, quand il reçoit
l'effluve électrique.

frit à ma vue, et, pendant que je déposais mon offrande aux pieds de la déesse(1), JE DEVAIS, *suivant le conseil des prêtres*, FIXER DE MES REGARDS UN MIROIR *flottant sur l'onde de la fontaine* (2).

« Mais je n'obtins rien. J'allai plus loin, et partout où j'arrivais, les dieux me semblaient aussi sourds que ton Aspasie était chagrine. Soudain j'entendis nommer Podalyre ; je m'informe ; on me dit que son temple est à Lycère ; je m'y rends aussitôt. A peine suis-je arrivée que je me baigne dans le fleuve ; en sortant de l'eau, je répands sur moi le baume odorant dont Sozime, notre ami, m'avait fait don à mon départ d'Athènes. Je tâchai, *par mes prières*, de me rendre digne de la réponse du dieu. A l'approche de la nuit, je me couchai sur la peau d'une chèvre, près de la colonne qui portait la statue, *et je fus plongée dans un doux som-*

(1) Cette excellente habitude ne s'est pas égarée. Chassée des temples des anciens dieux, elle s'est réfugiée dans les nôtres : « *N'oubliez pas les...*, etc. »

(2) C'est le *braidisme* tout pur ; l'hypnotisme provoqué par la contemplation prolongée d'un objet brillant, miroir, boule d'acier poli, flamme, etc. — Voyez notre livre *Hypnotisme et suggestion* (E.-N. Santini de Riols ; chez Bornemann, rue de Tournon, 15, Paris).

meil. Autour de moi se répandit une clarté suave (*narcotique, hallucination*). Crois-moi, Périclès, oui, crois-moi ; dans ce calme de l'âme, le divin Esculape, enveloppé d'un brillant nuage, m'apparut avec ses deux filles et me promit la santé. Mon sommeil fut profond jusqu'au point du jour ; à mon réveil, je me trouvai sur le même côté où je m'étais mise la veille. (1)

« Apprends de plus que, le même jour, une femme infortunée, affligée d'un engorgement au sein, vit en songe le petit dieu Harpocrate étendu sur des feuilles de lotus, enveloppé depuis les pieds jusqu'à la tête, et qui lui demanda le lait de ses mamelles ; ce qui fut cause c l'on lui donna un remède salutaire (2). »

Diodore de Sicile parle aussi de malades qui furent guéris en allant consulter la déesse Isis (3). Notre époque, on le voit, n'a pas le monopole des

(1) C'est un aveu dénué d'artifice, — inconscient, il est vrai, — qu'Aspasie avait succombé rapidement au sommeil provoqué par les émanations des substances disséminées dans la peau de chèvre qui lui servait de lit. Elle avait dormi « *d'un sommeil de plomb* », comme dit le vulgaire.

(2) *Bulletin des Sciences historiques*, t. VII, p. 227.

(3) *Histoire*, liv. I, ch. 25.

pèlerinages aux temples *selects*, ayant pour but le rétablissement de la santé ou la grâce de la fécondité.

Galien dit la même chose d'un temple de Vulcain, près de Memphis, où l'on allait s'endormir, — ou se faire endormir, — pour avoir des songes au cours desquels la guérison arrivait, ou était seulement annoncée.

Pausanias (1) dit que des lits étaient disposés, dans les temples d'Isis et d'Esculape, en Laconie, pour qu'on pût s'y endormir en priant les dieux d'indiquer en songe les remèdes aux maux dont on souffrait. Il dit encore qu'on se servait d'un miroir, — ce que dit la belle Aspasie, — qu'il fallait regarder fixement, dans le temple, *avant le sommeil sacré* (et c'était précisément cette contemplation qui le provoquait) (2).

Et ces pèlerinages devaient être bien anciens, et être connus et pratiqués chez bien des nations, car nous voyons le prophète Isaïe (820 ans avant J.-C.) les reprocher aux Israélites :

Isaïe, *ch.* LXV, *v.* 2. — J'ai étendu mes mains

(1) *Description de la Grèce*, liv. X, ch. 32.
(2) *Description de la Grèce*, VII, ch. XXXI.

tout le jour contre ce peuple incrédule, qui marche dans une voie mauvaise en suivant ses pensées ;

3. — Vers ce peuple qui fait sans cesse devant mes yeux ce qui m'irrite, qui immole des victimes dans les jardins (*bois sacrés*), et qui sacrifie sur des autels de briques ;

4. — Qui habite dans les sépulcres (*dans des grottes*), QUI DORT DANS LES TEMPLES DES IDOLES, qui mange de la chair de cochon, et qui met dans ses vases une liqueur profane.

Saint Jérôme (IVe siècle) dit que, de son temps encore, les malades allaient dormir dans le temple d'Esculape pour avoir des songes utiles à leur santé.

42. — Certains malades disaient que le dieu leur était apparu, *alors qu'ils étaient à l'état de veille*. Cela était plus curieux. Mais cela rentre dans l'ordre des faits, *très naturels* d'ailleurs, classés sous le nom général d'*hallucination* : hallucination de la vue, hallucination du toucher, hallucination de l'ouïe, du goût et de l'odorat.

Et pour être l'objet d'hallucinations, il n'est aucunement besoin d'être malade : l'hallucination de la *vue*, connue sous le nom de *mirage*, et que

nous avons éprouvée nous-même en Afrique au
moment de charger l'ennemi, au moment, par conséquent, où nous étions en pleine possession de
nos facultés, est un fait bien connu de tous.

L'hallucination de l'*ouïe,* qui se traduit par un
tintement d'oreilles, a été éprouvée par tout le
monde : on entend un bruit strident ; que quelqu'un
s'approche de votre oreille, et il n'entend rien.

L'hallucination du *toucher* a ceci de merveilleux
qu'on peut la provoquer à plaisir, à tout moment.
Prenez une bille, une boulette de papier ou de
mie de pain, et placez-la devant vous. Croisez le
médius sur l'index, de façon que les extrémités des
deux doigts soient à l'alignement. Et touchez, *avec
les deux doigts ainsi croisés,* la bille ou la boulette : vous en trouverez deux. Cependant vous ne
dormez pas : vous êtes bien éveillé ; vous constatez
qu'il n'y a sur la table qu'une seule boule ; n'im-
porte : vos doigts *croisés* en touchent deux. Il n'y
pas à sortir de là. Et si vous les *décroisez,* ils tou-
cheront tous les deux à la fois la même boule, mais
la sensation transmise par eux au cerveau n'accu-
sera l'existence que d'une seule boule. Il faut qu'ils
soient croisés pour que le phénomène se produise.

A l'époque où nous professions la physique et la chimie, nous demandâmes à plusieurs de nos confrères d'expliquer cette étrange hallucination du toucher, produite simplement par le croisement de l'index et du médius.

On n'en trouva pas.

Mais d'autres hallucinations de la vue, de l'ouïe et du toucher sont produites par un état particulier de l'esprit, une prédisposition de l'organisme. L'art des mages modernes prescrit, pour les nombreuses cérémonies mystiques du culte, une pureté de mœurs, une aspiration à toutes les vertus, une perfection, en un mot, qu'il n'est pas donné à tout le monde d'atteindre, — quoique ce soient les mêmes vertus qu'exige des fidèles l'Eglise catholique. Mais l'Eglise catholique ne vous dit pas que vous aurez, étant vertueux au suprême degré, le pouvoir d'évoquer les esprits, et l'Eglise magique vous le dit et en donne des exemples.

L'un des grands prêtres de cette école d'hommes de bien, Eliphas Levi (1), à force d'exercices religieux (du rite nouveau), à force d'entraînement cérébral, réussit un jour à faire apparaître devant

(1) L'abbé Alphonse-Louis Constant.

lui l'ombre d'Apollonius de Tyane. Nous nous
trompons : non pas l'ombre, mais le corps même
du célèbre thaumaturge ; car non seulement il vit
le savant évoqué, mais il le toucha. Voici comment
il s'explique sur cette apparition merveilleuse :

« Conclurai-je de ceci que j'ai réellement évoqué, vu et touché le grand Apollonius de Tyane ?
*Je ne suis pas assez halluciné pour le croire,
ni assez peu sérieux pour l'affirmer.* L'effet des
préparations, des PARFUMS **(49)**, des miroirs, des
pentacles, *est une véritable ivresse de l'imagination,* qui doit agir vivement sur une personne
déjà impressionnable et nerveuse. Je n'explique
pas par quelles lois physiologiques j'ai vu et touché ; j'affirme seulement que j'ai vu et touché ; que
j'ai vu clairement et distinctement, sans rêves ; et
cela suffit pour croire à l'efficacité réelle des cérémonies magiques. »

A la bonne heure. Voilà qui est d'un honnête
homme et d'un savant, comme était Eliphas Levi.

Seulement.... *non licet omnibus adire Corin-
thum.....* Il faut être un sage dans toute l'accep-
tion du mot, un anachorète, pour arriver à obtenir
ces visions tangibles...., et cela n'est pas donné à

tout le monde.... En outre, comme on le verra au paragraphe **49**, le rite exige une fortune assez considérable chez l'adepte, pour les robes, les ornements, les bijoux, etc. Le cérémonial est coûteux.. Et nous pensons que mieux vaudra encore, pour le commun des mortels, aller dans les temples catholiques adorer יהוה, au milieu des somptuosités du culte qui a succédé à celui qu'ordonnait le grand-prêtre juif : ce n'est pas le fidèle qui paie les ornements, les parfums, les orgues et le reste.

43. — Après cette digression, — qui s'imposait, — sur la religion ressuscitée des anciens Mages, revenons à notre non moins célèbre Aspasie, et traitons la question des *parfums magiques* dont elle nous a parlé, et dont nous a surtout entretenus Proclus (**28**). Aspasie nous a dit : « Le matin on brûlait de l'encens, dans le temple, le jour, de la myrrhe, et, durant la nuit, s'exhalent les délicieux parfums de Cyphis (**41**). » Proclus nous a déclaré ceci : « Les instituteurs du sacerdoce ancien réunissant ensemble divers parfums ou odeurs, en composaient un, participant à la fois des qualités inhérentes à chacun, et, en outre, *possédant une vertu résultant de cette union même.* »

Ecoutons maintenant Plutarque, et nous allons avoir le secret des *parfums magiques* des anciens temples (1) :

44. — « Faut-il parler aussi des parfums qui se brûlent chaque jour ? Une première observation à faire à cet égard, c'est que les Egyptiens ont toujours tenu très grand compte des prescriptions utiles à la santé. Dans les pratiques religieuses, surtout dans les purifications et dans le régime de chaque jour, s'ils se préoccupent de la sainteté, ils ne songent pas moins à la salubrité. De tout temps ils ont cru qu'il n'était pas convenable que des âmes ni des corps souillés d'impuretés secrètes et de maladies se consacrassent au culte d'un Etre essentiellement pur et exempt de toute altération, de toute tache.

Ainsi donc, comme l'air que nous respirons le plus souvent, et au milieu duquel nous vivons, n'a pas toujours les mêmes conditions atmosphériques et la même température ; que la nuit il se condense, pesant sur le corps et communiquant une sorte de découragement et d'inquiétude à l'âme,

(1) PLUTARQUE, *Sur Isis et Osiris*, chap. LXXIX.

qui devient en quelque sorte ténébreuse et engourdie, en raison de cela, les prêtres, *aussitôt qu'ils sont levés, brûlent de la* RÉSINE.

« Plus tard, *à midi*, à l'heure où ils supposent que le soleil attire du sein de la terre d'épaisses et pesantes vapeurs qu'il mêle avec l'air, *ils font brûler de la* MYRRHE; car la chaleur de ce parfum dissout et dissipe les exhalaisons grossières et impures qui se condensent autour de nous.

« (Chap. LXXX). — Le KYPHI est un parfum composé de seize espèces de substances : de *miel*, de *vin*, de *raisins secs*, de *souchet*, de *résine*, de *myrrhe*, d'*aspalathe* (1), de *séséli*, de *lentisque*, d'*asphalte*, *de* JUSQUIAME, de *patience*, de *grand genièvre*, de *petit genièvre*, de *cardamome* et de *calame* (2).

« Ces ingrédients ne sont pas mêlés au hasard, mais selon une formule indiquée par les livres saints, et dont il est fait lecture, pendant l'opération, à ceux qui sont chargés de préparer ce parfum. Il s'en exhale une vapeur suave et profitable qui change les conditions de l'air. Cette vapeur, s'insi-

(1) Sorte de bois d'ébène.
(2) Sorte d'iris.

nuant dans le corps au moyen du souffle, le berce
d'une manière douce et insensible, l'invite au som
meil, et répand autour de lui une influence délicieuse. Les soucis journaliers, qui sont comme
autant de chaînes si pénibles, perdent de leur douleur et de leur intensité ; ils s'affaiblissent et se
relâchent, sans le secours de l'ivresse. *Agissant
aussi sur l'imagination,* faculté si puissante
dans les songes, *ces exhalaisons la rendent en
quelque sorte nette comme le miroir le plus
uni* (1). L'effet obtenu n'est pas moins merveilleux
que celui des sons de la lyre dont les Pythagori-
ciens se servaient avant de goûter le sommeil.

, Du reste, les odeurs ont, plus d'une fois, ranimé
le sentiment qui s'évanouissait ; plus d'une fois
aussi elles ont calmé et apaisé le système nerveux,
par la subtilité de leur influence. »

45. — Le lecteur a remarqué la présence de cette
excessivement nocive *jusquiame* dans le parfum
KYPHI : c'était elle qui, mélangée benoitement et
intentionnellement aux *parfums magiques* du
temple, leur donnait leurs propriétés spéciales.

46. — Nous avons vu (**36** *bis*) que, sous quelques

(1) C'est-à-dire aussi *active*, aussi *vagabonde* que possible.

9

empereurs romains, les pratiques magiques étaient
punies de mort : mais bien avant Caracalla et Va-
lentinien, Caligula avait fait mettre à mort, sous
ce prétexte stupide, son frère Tibère et son beau-
père Silanus : « Il envoya, dit Suétone (1), un tri-
bun des soldats tuer son frère Tibère au moment
où il s'y attendait le moins, et obligea son beau-
père Silanus à se couper la gorge avec un rasoir.
Il allégua, pour prétexte de ces deux meurtres, que
son frère avait refusé de le suivre sur mer dans un
temps d'orage, et était resté dans Rome pour attendre les événements et s'emparer de la ville ; et que
Silanus, pendant le voyage, *avait respiré d'un*
antidote qu'il n'avait pris, disait Caligula, *que*
pour se garantir du poison. Cependant, Silanus
n'avait voulu qu'adoucir les incommodités de la
navigation et prévenir les vomissements, et le
jeune Tibère avait été obligé de prendre des remèdes contre une toux opiniâtre dont il était tour-
menté. »

47. — Certain genre de divination consistait à
observer la fumée qui s'élevait des sacrifices, des
bûchers, etc. ; à analyser les circonvolutions qu'elle

(1) SUÉTONE, *Vie de Caligula*, ch. XXIII.

faisait, la façon dont elle s'élevait dans l'air, *son odeur*, etc., etc. Théophilax, commentant Osée, dit que les Juifs observaient la fumée des sacrifices et s'attachaient principalement à la façon dont elle s'élevait, si c'était en droite ligne, ou en louvoyant de divers côtés. Du reste, écoutons ce qui se passa, d'après la Bible, à l'origine même du monde (1); d'après la Genèse, chap. IV :

Verset 3. — « Or, il arriva, au bout de quelque temps, que Caïn offrit à l'Eternel, en oblation, des fruits de la terre.

4. — Et qu'Abel aussi offrit des premiers-nés de son troupeau et de leur graisse. Et l'Eternel eut égard à Abel et à son oblation.

5. — Mais il n'eut point égard à Caïn ni à son oblation ; et Caïn en fut fort irrité, et son visage en fut abattu.

6. — ...

7. — ...

8. — Et Caïn parla à Abel son frère. Et comme ils étaient aux champs, Caïn s'éleva contre Abel, son frère, et le tua. »

Tous les commentateurs s'accordent pour dire

(1) *Genèse*, chap. IV, versets 3 à 8.

que la fumée de l'autel d'Abel montait droit vers le ciel, tandis que celle de l'autel de Caïn était violemment rabattue vers la terre. Caïn n'était qu'un maladroit : il aurait dû, comme le faisait très certainement Abel, choisir un temps calme pour allumer le bois du sacrifice ; la fumée serait allée droit au ciel.

Stace, parlant du divin Tirésias, qui considérait la fumée d'un sacrifice, dit qu'il embrassait les feux qui entouraient les autels, et qu'avec un visage enflammé, *il hùmait la vapeur qui faisait prophétiser*.

> Ille coro natos jamdudum amplectitur ignes,
> Fatidicum sorbens vultu flagrante vaporem.

On devinait aussi par la fumée et l'odeur de l'encens (1) : s'il était consumé entièrement et réduit en une fumée d'agréable odeur, c'était un heureux présage ; mais si le contraire arrivait, il fallait certainement s'attendre à quelque malheur.

Et personne n'avait l'idée d'accuser l'impureté de l'encens vendu par quelque falsificateur.

(1) Cette opération constituait la *Libanomancie*. — Voyez *L'Art de la divination*, par E.-N. SANTINI DE RIOLS. Paris, Ch. Mendel, rue d'Assas, 118.

Citons encore les fumigations provenant de poissons incinérés, auxquelles on attribuait diverses
vertus, selon la partie jetée au feu. La fumée qui
s'exhale du foie servit au jeune Tobie, d'après le
le conseil de l'ange Raphaël, à chasser de la maison
de Raguel, son futur beau-père, l'esprit malin qui
avait étouffé les *sept* maris successifs de Sara, sa
future épouse. Par la suite, ce moyen a été étendu
aux propitiations et aux sortilèges.

Disons encore que, sous le consulat de Licinius
Crassus (95 avant notre ère), parut une loi restrei-
gnant considérablement l'usage des parfums, et
déterminant ceux qu'on devait dorénavant offrir aux
principaux dieux. Ainsi :

Le *costus* fut consacré à SATURNE ;

Le *cassia* et le *benjoin* le furent à JUPITER ;

Le *musc* devint l'attribut de JUNON ;

L'*aloès* échut en partage à MARS ;

Le *safran* fut consacré à PHÉBUS (LE SOLEIL) ;

Le *mastic* devint l'apanage de PHŒBÉ (LA LUNE);

Le *cinnamome* appartint à MERCURE ;

Et *l'ambre gris* fut donné à la blonde VÉNUS.

VI

Divers parfums magiques : *Albert le Grand ; Collin de
Plancy ; Lenain ; Agrippa* (parfums consacrés aux
dieux, aux jours de la semaine et aux quatre éléments). — *Eliphas Levi* (parfums pour les cérémonies du culte magique). — Pierquin de Gembloux.

48. — Si nous passons au moyen âge, nous trouvons dans *Albert le Grand* divers parfums magiques recommandés pour leur efficacité. Dans le
Petit Albert qui, suivant l'expression d'Eliphas
Levi, n'est « qu'une production de basse librairie » (1), nous relevons les parfums ci-après (nous
avons déjà donné au § **24**, *in fine,* un parfum destiné à « produire la richesse par la pêche des poissons ») :

(1) *Dogme et rituel de la haute magie,* Paris, 1861, 2 vol.
in-8. Tous les éditeurs, hélas ! ne peuvent avoir la fortune
de celui qui a édité les ouvrages d'Eliphas Levi. (Voyez,
§ **49**), les formules de parfums qu'il préconise lui-même.

PARFUM POUR SE FAIRE AIMER

Il ne suffit pas à l'homme de se faire aimer pas-
sagèrement et pour une fois seulement ; il faut que
cela continue et que l'amour soit indissoluble ; et
par ainsi, il a besoin de secrets pour engager la
femme à ne point changer ou diminuer son amour.

Vous prendrez donc de la moelle que vous trouverez dans le pied gauche d'un loup : vous en ferez
une pommade avec de l'ambre gris et de la poudre
de Chypre ; vous porterez sur vous cette pommade,
et vous la ferez flairer de temps en temps à la
femme, qui vous aimera de plus en plus (1).

CONTRE LE CHARME DE L'AIGUILLETTE NOUÉE

Si on respire la fumée de la dent brûlée d'un
homme mort depuis peu, on sera délivré du
charme.

AUTRE, POUR LES POISSONS

Prenez coque du Levant avec du cumin, du fromage vieux, de la farine de froment et de bonne lie

(1) *Secrets merveilleux de la Magie naturelle et cabalistique* du Petit Albert, Cologne, 1722, in-18.

de vin. Broyez le tout ensemble, et formez-en des
pilules de la grosseur d'un pois. Jetez-les dans les
rivières où il y a abondance de poissons, et que l'eau
soit tranquille ; et tous les poissons qui tâteront de
cette composition s'enivreront et se rendront au
bord de l'eau, de telle sorte que vous pourrez les
prendre à la main. Peu de temps après, leur ivresse
passera, et ils deviendront aussi gaillards que s'il
ne s'était rien passé.

POUR CONSERVER ET MULTIPLIER LES PIGEONS

J'ai lu dans les écrits d'un ancien cabaliste que,
pour empêcher les serpents et autres bêtes mal-
faisantes de molester le jour et la nuit les pigeons,
il faut écrire avec du sang de blaireau, aux quatre
coins du colombier et aux fenêtres, ce mot *Adam*
(אדם). Et vous ferez un parfum de Peuce d'âne, ou
Pasdane.

On croit que la tête d'un loup suspendue au colombier, produit un semblable effet.

CONTRE LES LOUPS

J'ai lu dans les écrits d'un sage naturaliste une
manière bien surprenante pour prendre les loups

9.

en grand nombre, voire même en dépeupler tout
un pays qui en est infesté. Il faut se pourvoir d'une
bonne quantité de poissons qu'on appelle Biemmi
ou Loups-marins ; en les éventrant on réserve
le sang à part, et, après les avoir bien net-
toyés et écaillés, on les pilera dans un mortier avec
de la chair d'agneau ou de jeune brebis ; on portera
cette composition dans le canton où sont les loups ;
on allumera un grand feu de charbon à l'opposite
du vent, c'est-à-dire que le vent aille du côté où
sont les loups, afin qu'il y chasse la fumée que fera
la composition de chair et de poisson qu'on mettra
sur les charbons ; laquelle fumée frappant l'odorat
des loups, elle les attirera à cet endroit, lesquels,
trouvant cet appât rôti, pour peu qu'ils en mangent
en seront tellement étourdis qu'ils s'endormiront
et il sera aisé de les tuer,

Dans un autre ouvrage intitulé : ALBERT LE GRAND,
*translaté du latin en français, lequel traite de
la vertu des herbes et des pierres précieuses,*
nous trouvons les deux formules suivantes de parfums :

FUMIGATION POUR FAIRE PARAITRE LES GENS EN ÉLÉPHANTS ET EN CHEVAUX

Prends une espèce qui est dicte Alcarengi, et la broye avec quelque peu de graisse de dauphin, et fais de cela comme des graines de citron, et puis fais fumée d'iceulx grains sur le feu debouze de vache qui a le laict ès mamelles, et ne puisse sortir la fumée hors la porte. Et lors ceux qui seront en la maison seront veus en forme d'éléphant, et est chose merveilleuse.

FUMIGATION POUR SAVOIR LES CHOSES FUTURES EN DORMANT

Prends le sang de l'asne congelé, et graisse de loup, et ensemble tout par poids égal en confitures, et en fais des graines comme devant, et puis en enfume la maison ; et tu verras quelque chose qui te narrera toutes choses.

Collin de Plancy (1) cite les formules suivantes,

(1) *Dictionnaire des Sciences occultes*, 1846, 2 vol. in-8, t. II, p. 261.

données par Nynauld à la page 72 de sa *Lycan-thropie :*

On dit que si l'on se parfume avec de la semence de lin et de psellium, ou avec des racines de violette et d'ache, on connaîtra les choses futures.

Pour chasser les mauvais esprits et les fantômes nuisibles, il faut faire un parfum avec calament, pivoine, menthe, et palma-christi.

On peut assembler les serpents par le parfum de l'extrémité du gosier du cerf et, au contraire, on peut les chasser et les mettre en fuite si on allume la corne du cerf.

La corne du pied droit d'un cheval ou d'une mule, allumée dans une maison, chasse les souris, et celle du pied gauche, les mouches.

Si on fait un parfum avec le fiel de seiche, du thymiamas, des roses et du bois d'aloès, et qu'on jette sur ce parfum allumé de l'eau ou du sang, la maison semblera pleine d'eau ou de sang ; et si on jette dessus de la terre labourée, il semblera que la maison tremble.

Lenain (1) nous donne diverses compositions de

_____

(1) *La Science cabalistique, ou l'Art de connaître les bons génies,* etc., Paris, 1823, in-8.

parfums magiques pour « attirer les génies » :

Tous les philosophes, dit-il, s'accordent à dire que, dans certaines circonstances, l'homme peut obtenir de Dieu une puissance supérieure pour commander aux intelligences et s'en faire obéir, par des invocations ; ils prétendent que l'on doit se préparer d'une certaine façon, qu'il faut observer les influences favorables, d'autant plus que les secrets de l'astrologie sont les secrets des religions.

Agrippa, rapporte trois manières d'évoquer les génies : la première est naturelle, elle se fait par le moyen des mixtes avec lesquels ils ont de la sympathie ; la seconde se fait par les astres, lorsque leurs influences sont favorables ; la troisième est divine ; elle se fait par le secours de Dieu, des noms divins et des cérémonies sacrées.

Il y a, outre cela, des fumigations qui ont beaucoup de vertus pour attirer les génies, que les philosophes modernes appellent les agents invisibles, et il y en a d'autres pour chasser les mauvais ; il faut les connaître, savoir les mélanger, et s'en servir à propos.

(1) Voir, § 50, ce que dit Agrippa des parfums.

Voici la composition des parfums correspondant aux planètes, aux éléments, et aux sept jours de la semaine, suivant la doctrine d'Agrippa (1) :

PARFUM DU SOLEIL, CORRESPONDANT AU DIMANCHE ET A L'ÉLÉMENT DU FEU

Prenez la quatrième partie d'une once de chacune des substances suivantes : *safran, bois de baume, graine de laurier, aloès, myrrhe, encens.* Ajoutez-y trois grains de *musc* et trois grains d'*ambre gris* ; le tout doit être réduit en poudre. On mélange avec du sang d'un coq blanc, ou bien avec de l'eau de rose contenant de la gomme adragante. On en fait ensuite de petits grains en forme de pilules, pour être utilisés à l'occasion, quand ils sont bien secs, en les jetant trois par trois sur des charbons ardents.

PARFUM DE LA LUNE, CORRESPONDANT AU LUNDI ET A LA TERRE

Prenez la tête d'une grenouille ; faites-la sécher avec l'œil d'un taureau ; prenez ensuite une partie

(1) *Philosophie occulte,* liv. I.

égale de graines de *pavot blanc*, d'*encens*, de *camphre*, *storax*, *benjoin* ou *oliban* ; mélangez ces substances avec le sang d'une jeune oie ou d'une tourterelle, *vel cum sanguine emisso a puellâ, primâ vice in menstruis*. Vous en formerez une pâte avec laquelle vous ferez de petits grains pour vous en servir au besoin. Vous n'en mettrez que trois à la fois sur les charbons ardents.

Vous observerez la même règle pour les autres parfums.

PARFUM DE MARS, CORRESPONDANT AU MARDI
ET A L'ÉLÉMENT DU FEU

' Prenez parties égales des matières suivantes : *soufre, armagnac, euphorbe, racine des deux ellébores, bdellium* ; mélangez le tout avec le sang et la cervelle d'un corbeau ou d'un chat noir.

Formez-en de petits grains.

PARFUM DE MERCURE, CORRESPONDANT
AU MERCREDI ET A L'EAU

On le compose de *mastic*, d'*encens*, de *bois d'aloès*, de bon *storax* et de *benjoin* ; on y ajoute

des *girofles*, de la *quintefeuille*, et de la poudre
de pierre d'*agathe*. Il faut mêler tout cela avec de
la cervelle de renard ou de cerf, et du sang de pie.

Faire ensuite de petits grains.

PARFUM DE JUPITER, CORRESPONDANT AU
JEUDI ET A L'AIR

On le compose avec de la *graine de frêne*, du
bois d'aloès, du *storax*, du *benjoin* et de la poudre
de *pierre d'azur*; on y ajoute des bouts de plumes
de paon, qui est l'oiseau sacré de Junon, femme de
Jupiter ; mélangez ces drogues en poudre avec du
sang d'hirondelle ou de cigogne.

Formez-en de petits grains.

PARFUM DE VÉNUS, CORRESPONDANT
AU VENDREDI ET A L'AIR

On le compose de *musc*, d'*ambre gris*, de *bois
d'aloès*, de *roses sèches* et de *corail rouge*. Pul-
vérisez le tout. Ajoutez-y deux ou trois cervelles de
passereaux, et mêlez le tout avec du sang de tourterelle ou de pigeon.

Faites-en ensuite de petites pastilles.

PARFUM DE SATURNE, CORRESPONDANT
AU SAMEDI ET A L'EAU

On le compose de graines de *pavot noir*, de graines de *jusquiame*, de *myrrhe* et de racines de *mandragore* ; ajoutez-y de la poudre de *pierre d'aimant*, si vous en avez, et vous mêlerez le tout avec du sang de chat noir.

Faites ensuite de petits grains pour vous en servir au besoin.

Tous ces parfums doivent se faire dans un petit réchaud de terre neuf, ayant la forme triangulaire. Le feu doit être composé de bois de laurier ou de coudrier. Il faut que tout ce que vous emploierez, savoir : les drogues, le bois, l'amadou, l'allumette et la bougie, soient neufs et qu'ils n'aient servi à aucun usage profane ; c'est pour cette raison que vous devez vous les procurer vous-même.

Il faut en outre que le feu soit neuf, car les parfums du jour doivent être allumés par les rayons du soleil ; il faut les concentrer avec un verre ardent ; pour les parfums de la nuit, vous vous servirez d'un caillou qui soit bon à cet usage, et que

vous aurez ramassé vous-même dans un champ.
C'est ainsi que tous ceux qui sont initiés dans les
rites mystiques brûlent des parfums en l'honneur
de tous les agents (*esprits*, *génies*) de la nature.

Voici ce que l'auteur de la *Thréicie* nous apprend à ce sujet, page 361 : « Mais le jour n'est pas
sans observances : vous commencerez par faire
aux dieux des sacrifices ou des libations, et vous
n'irez point vous reposer dans votre lit des soins du
jour, que vous ne leur en fassiez encore ; *vous leur
offrirez des parfums*, et chaque maison aura à
cet effet un encensoir, qui vous attachera continuellement la présence des dieux. »

Le *Traité des esprits célestes et terrestres* (1)
donne comme suit la formule du parfum qui convient au VENDREDI.

« Ce parfum doit être composé de *musc, d'ambre gris*, de *bois d'aloès*, de *roses rouges*, le tout
à discrétion, pulvérisé, et incorporé avec du sang
de colombe et de la cervelle de deux ou trois passereaux ; faites-en une pâte, et divisez-la en grains
pour vous en servir aux opérations.

(1) Manuscrit de la Bibliothèque de l'Arsenal, S et A,
n⁰ˢ 68 et 69, p. 8.

« Lorsque vous voudrez les consacrer, dites ces paroles : *Deus Abraham, Deus Isaac, Deus Ja-cob*, bénissez toutes ces créatures des espèces qui sont contenues en ces grains odoriférants, afin qu'elles augmentent la force et la vertu de leur odeur, pour qu'aucun ennemi ni fantôme ne demeure en elles, *per dominum nostrum Jesum Christum qui tecum vivit et regnat in secula seculorum. Amen.* »

49. — Eliphas Levi, dans son livre intitulé *Dogme et rituel de la haute magie*, énumère les divers parfums qui entrent dans les cérémonies du culte, les ornements, bijoux, etc., dont le mage doit être revêtu pendant les offices des différents jours de la semaine (Tome II, page 117) :

« Le mage qui veut procéder aux œuvres de lumière (1) doit opérer le DIMANCHE, de minuit à 8 heures du matin, ou de 3 heures de l'après-midi

(1) Les ŒUVRES MAGIQUES sont au nombre de 7, savoir : 1° Œuvres de lumière et richesse, sous les auspices du *Soleil*; — 2° Œuvres de divination et de mystères, sous l'invocation de la *Lune*; — 3° Œuvres d'habileté, de science et d'éloquence, sous la protection de Mercure; — 4° Œuvres de colère et de châtiment, consacrées à *Mars*; — 5° Œuvres d'amour, favorisées par *Vénus*; — 6° Œuvres d'ambition

jusqu'à 10 heures du soir. Il sera revêtu d'une robe de pourpre, avec une tiare et des bracelets d'or. L'autel des parfums et le trépied du feu sacré seront entourés de guirlandes de laurier, d'hélio-trope et de tournesol ; *les parfums seront le cinnamome, l'encens mâle, le safran et le santal rouge.* L'anneau sera d'or, etc.

« Le LUNDI on portera une robe blanche lamée d'argent, avec un triple collier de perles, de cristaux et de sélénites ; la tiare sera couverte de soie jaune, avec des caractères d'argent formant en hébreu le monogramme de Gabriel ; *les parfums seront le santal blanc, le camphre, l'ambre, l'aloès et la semence de concombre pulvérisée ;* les guirlandes, etc., etc.

« Le MARDI, jour des opérations de colère, la robe sera couleur de feu, ou de rouille, ou de sang, avec une ceinture et des bracelets d'acier, la tiare sera cerclée de fer, etc., etc.

(Pas de mention de parfums.)

« Le MERCREDI, jour favorable à la haute science,

et de politique, sous les auspices de *Jupiter*; — 7° Œuvres de malédiction et de mort, sous le patronage de *Saturne* (*Éliphas Lévi*).

la robe sera verte, ou d'une étoffe à reflets et de différentes couleurs ; le collier sera de perles en verres creux contenant du mercure ; *les parfums seront le benjoin, le macis et le storax* ; les fleurs : le narcisse, le lis, la mercuriale, la fume-terre et la marjolaine, etc.

« Le JEUDI, jour des grandes œuvres religieuses et politiques, la robe sera d'écarlate, et l'on aura sur le front une lame d'étain avec le caractère de l'esprit de Jupiter et ces trois mots : GIARAR, BÉTHOR, SAMGABIEL ; *les parfums seront l'encens, l'ambre gris, le baume, la graine de paradis, le macis et le safran.*

« L'anneau sera orné d'une émeraude ou d'un saphir ; les guirlandes et les couronnes, etc., etc.

« Le VENDREDI, jour des opérations amoureuses, la robe sera d'un bleu azuré ; les tentures seront ver-tes et roses, les ornements de cuivre poli ; les cou-ronnes seront de violettes ; les guirlandes, de roses, de myrthe et d'olivier, etc. (*Pas de mention de parfums*, ce qui est bien extraordinaire pour l'of-fice de Vénus.)

« Le SAMEDI, jour des œuvres funèbres... *les*

parfums seront le diagridium, la scammonée, l'alun, le soufre et l'assa fœtida.

« Telles sont les antiques magnificences du culte secret des mages. C'est avec un semblable appareil que les grands magiciens du moyen âge procédaient à la consécration quotidienne des pentacles et des talismans relatifs aux sept génies. »

Voici maintenant ce que dit Cornélius Agrippa (1) des *parfums* :

50. — Livre I, chapitre XLIII. — *Des parfums, de leur manière et puissance.* — « Il y a aussi certains parfums qui ont du rapport aux étoiles, qui peuvent beaucoup pour acquérir à propos les qualités célestes sous les rayons des étoiles, parce qu'elles se communiquent à l'air et à l'esprit, notre esprit recevant de grands changements par ces sortes de vapeurs, l'un et l'autre étant une vapeur qui se rassemble ; aussi l'air prenant facilement les qualités des choses inférieures et célestes par ces vapeurs et pénétrant continuellement, et d'abord dans le cœur, nous réduit merveilleuse-

(1) HENRICI CORNELII AGRIPPÆ AB NETTESHEIM. *De occulta philosophia libri tres*, trad. de Levasseur, La Haye, 1727, 2 vol. in-8.

ment à de semblables qualités. C'est pourquoi l'on fait des parfums pour un homme qui a à deviner, afin de disposer son esprit, lesquels nous préparent à recevoir les inspirations divines, étant convenables par de certains noms. Ainsi, l'on dit que le parfum de la semence de lin et de la semence de l'herbe aux puces, et des racines de vie'ette, et de grand persil, fait voir les choses futi es et contribue à la prophétie. Or, ceux qui sont du sentiment de Porphyre, que les esprits de l'air s'attirent et s'insinuent par certaines vapeurs qui viennent des propres parfums qu'ils exhalent, que l'on excite par ce moyen les tonnerres, les foudres, etc., ceux-là, dis-je, ne doivent être surpris de la vertu des parfums, comme l'on sçait que le foye du caméléon brûlé par les extrémités excite les pluies et les foudres. De même, sa tête et son gosier étant brûlés avec du grand buis, font combattre les pluies et les tonnerres.

« Il se fait aussi des parfums sous les influences convenables des étoiles, faisant paraître dans l'air ou ailleurs sur le champ des images et des esprits. Ainsi, l'on dit qu'en faisant un parfum de coriandre, de persil ou de *jusquiame* avec de la ciguë, on fait venir aussitôt les démons; c'est ce qui fait qu'on appelle ces herbes les herbes des démons.

« L'on dit de même qu'en faisant un parfum de la racine de canne de roseau, de férule avec le suc de la ciguë, de jusquiame, d'if, de barbasse, de sandal rouge et de pavot noir, on fait paraître les démons et des figures étrangères, et si on y ajoute le suc de pavot, on chasse les démons de toutes sortes d'endroits et on détruit leurs idoles.

« De même, en faisant un parfum de pouloit sauvage, de pevoëne (*pivoine*), de menthe, de palma-christ (*ricin*), il chasse tous les mauvais esprits et les fantômes nuisibles. L'on dit, outre cela, que par certains parfums on assemble et on chasse certains animaux, ainsi que Pline dit, qu'avec du lipare parfumé on fait venir toutes sortes de bêtes; de même qu'en faisant brûler des os du haut du gosier d'un cerf on fait assembler les serpents, et que la corne du cerf les fait fuir. Les ailes des paons font le même effet. De même, en allumant ou brûlant le poumon d'un âne, on fait fuir tout ce qu'il y a d'empoisonné; que la corne d'un cheval étant parfumée, fait fuir les rats; qu'il en est de même de la corne d'une mule, qui fait fuir les mouches quand

elle est du pied gauche ; et si l'on parfume quelque
maison ou quelque endroit avec du fiel de seiche
mêlé avec du thym, des roses et du bois d'aloès,
en jetant de l'eau de mer ou du sang, on verra toute
la maison ou tout l'endroit plein d'eau ou de sang
et si l'on y jette de la terre labourée, on verra la
terre trembler.

« Et il ne faut pas moins croire que ces vapeurs
composent quelques corps, et qu'elles lui infusent
quelque vertu et persévèrent très longtemps, non
plus que quelque vapeur de contagion, de venin et
de peste, que l'on a gardée plus de deux ans dans
une maison, infectant ceux qui y demeurent ; et
comme le mal de l'épidémie ou de la lèpre, dont il
reste quelque chose dans les habits de celui qui en
est attaqué, infecte longtemps celui qui les porte.
C'est pour cela qu'on se sert de parfums, d'anneaux
et de semblables instruments et trésors de la Magie,
que Porphyre dit qu'ils contribuent beaucoup.

« Ainsi l'on dit que si quelqu'un avait serré de
l'or, de l'argent, ou autre chose, la lune étant jointe
au soleil au bas du ciel, et que l'on parfume l'endroit avec du coriandre, du safran et du pavot noir
frottés ensemble de même poids, et délayés avec

10

du suc de ciguë, on ne peut jamais les trouver ou
les ôter étant ainsi cachés, et que les démons les
gardent toujours ; et si quelqu'un en veut prendre,
qu'ils le tourmenteront et qu'il tombera en phré-
nésie. Et Hermès dit que *sperma* du marsouin ou
de la baleine n'a point de pareil pour attirer les
démons ; c'est pourquoi, en faisant un parfum de
ce liquide, de bois d'aloès, de côt, de musc, de
safran, de tigname avec du sang de huppe, il fait
venir aussitôt les esprits de l'air : et si l'on en parfume à l'entour les tombeaux des morts, on assemble les mânes et les ombres des morts. Ainsi,
quand nous adressons quelque ouvrage au soleil,
nous parfumons avec des corps solaires ; à la lune,
avec des corps lunaires, et ainsi des autres. Il faut
sçavoir que, comme il y a de la contrariété dans
les étoiles et dans les esprits, il en est de même
dans les parfums qu'on leur fait. Ainsi le bois
d'aloès et le souphre sont opposés et contraires,
et les esprits qu'on tire du bois d'aloès en le suffu-
migeant avec du souphre qu'on allume, ne durent
pas, comme Proclus en donne un exemple, faisant
voir que l'esprit, qu'on avait accoutumé de faire
paraître sous la figure du lion, en lui opposant ou

présentant un coq, disparaissait, parce que le lion
et le coq sont contraires. Il faut considérer le reste
de même et le pratiquer.

51. — « Chapitre XLIV. — *La composition de
certains parfums accommodez aux planètes,*
—L'on fait au *Soleil* un parfum de safran, d'ambre,
de musc, de bois d'aloès, de bois de baume et de
fruits de laurier, avec des girofles, de la myrrhe et
de l'encens ; lesquelles choses étant toutes pilées et
mêlées avec certaine proportion, savoir celles qui
ont l'odeur la plus douce s'incorporent avec le cerveau de l'aigle, ou du sang d'un coq blanc, en manière de pilules ou trochiques.

« Et le parfum à la *Lune*, de la tête d'une grenouille qu'on a fait sécher, et les yeux d'un taureau,
de la graine de pavot blanc, avec de l'encens et du
camphre, qui s'incorporent avec le sang *mulieris
in menstruis* ou du sang d'une oie.

« Le parfum à *Saturne* se fait en prenant de la
graine de pavot noir, de la graine de jusquiame
avec de la racine de mandragore (**83**), de la pierre
d'aimant et de la myrrhe, et on les achève avec du
sang de chat et de chauve-souris.

« On fait le parfum à *Jupiter* avec de la se-

mence de frêne, du bois d'aloès, du storax, de la
gomme de benzoe (*benjoin*), de la pierre de lazul
et du haut des ailes de paon, qui s'incorporent avec
du sang de cigogne ou d'hirondelle, ou de la cervelle de cerf.

« A *Mars*, un parfum de l'euphorbe, d'un arbre
noir, appelé bdellium, de l'armoniac, des racines
des deux ellébores, de la pierre d'aimant et un peu
de souphre ; le tout s'incorpore avec la cervelle
d'un corbeau, du sang d'homme et du sang d'un
chat noir.

« A *Vénus* on parfume du musc, de l'ambre,
du bois d'aloès, des roses rouges et du corail rouge
et on achève avec des cervelles de passereaux et du
sang de pigeon.

« Les parfums à *Mercure* se font de mastic,
d'encens, avec des girofles, du quinte-feuille, des
pierres d'agate ; et tout cela s'incorpore avec de la
cervelle de renard ou de belette et avec du sang de
pie.

« Il y a, outre cela, du parfum à *Saturne* de
toutes sortes de racines odoriférantes, comme du
cost ou coq, et de l'herbe d'encens.

« A *Jupiter*, tous les fruits odoriférants, comme la noix muscade et les girofles.

« A *Mars*, tous les bois odoriférants de santal, de cyprès, de baume et d'aloès.

« Au *Soleil*, toutes sortes de gommes, l'encens, le mastic, le benzoe, le storax, le ladanum, l'ambre et le musc.

« A *Vénus*, les fleurs, les roses, la violette, le safran et parfums semblables.

« A *Mercure*, toutes les écorces de bois et de fruits, comme la vraie cannelle, le bois de casse, du macis, les écorces de citron, les graines de laurier et toutes les graines odoriférantes.

« A la *Lune*, toutes les feuilles des végétaux, comme la feuille d'Inde, et les feuilles de myrthe et de laurier.

« Il faut savoir, outre cela, que, suivant les opinions des magiciens en toute bonne œuvre, comme sont l'amour et la bienveillance, le parfum doit être bon, de bonne odeur et précieux; et dans une mauvaise opération comme sont la haine, la colère, le malheur et semblables, le parfum doit être impur, de mauvaise odeur et de vil prix.

« Les douze signes du ZODIAQUE ont aussi leurs

10.

parfums, comme : le *Bélier* a la myrrhe ; le *Taureau* a le cost ou coq ; les *Jumeaux*, le mastic ;
l'*Ecrevisse*, le camphre ; le *Lion*, l'encens ; la
Vierge, le sandal ; la *Balance*, le galbanon ; le
Scorpion, l'opoponax ; le *Sagittaire*, le bois d'a-
loès ; le *Capricorne*, l'ase ; le *Verseau*, l'euphorbe ; les *Poissons*, le thym.

« Hermès décrit le plus grand et le plus fort
parfum, composé des drogues cy-après, suivant la
force et la valeur des sept Planètes ; car il prend :

 « De *Saturne*, le cost ;

 « De *Jupiter*, la noix muscade ;

 « De *Mars*, le bois d'aloès ;

 « Du *Soleil*, le mathé ;

 « De *Vénus*, le safran ;

 « De *Mercure*, la vraye cannelle ;

 « Et de la *Lune*, la myrrhe.

52. — Chapitre XLV. — « *Des emplâtres, des onguents, des poisons pour faire aimer, et de
leurs vertus.* — Les emplâtres et les onguents,
qui sont ensemble les vertus des choses naturelles
et des choses célestes sur notre esprit, peuvent
multiplier, changer, transfigurer, transformer notre
esprit autrement, et attirer sa transposition par la

force de celles dont ils sont composez; de manière qu'il ne puisse pas non seulement agir sur son corps propre, mais sur celui qui est proche de lui, et lui donner cette qualité par les rayons visuels, par les sortilèges et par les attouchements. Or, notre esprit étant une vapeur de sang subtile, pure, brillante, aérée et onctueuse, c'est pour cela qu'il est bon de composer ces emplâtres des onguents de semblables vapeurs, qui aient plus de rapport en substance avec notre esprit, l'attirent plus par leur ressemblance et le transforment. Certains onguents et autres confections possèdent de pareilles vertus. Ainsi on inspire quelquefois par des attouchements des maladies, des poisons ou des amours, en frottant ses mains ou ses habits; de même par des baisers à la bouche, on inspire de l'amour à certaines choses, comme nous lisons dans Virgile que Vénus avait demandé l'amour par ces vers :

« *Afin qu'alors la joyeuse Didon te reçoive dans ses bras, qu'elle t'embrasse au milieu de la bonne chère et du bon vin, et te donne de tendres baisers, inspire-lui un feu caché, et pousse-la à t'aimer.* »

« Mais la vue, parce qu'elle sent d'une manière

plus pure et plus claire que les autres sens, et nous
imprime d'une manière plus pénétrante et plus pro-
fonde les marques des choses, convient plus avec
l'esprit phantastique ; ce qui paroît particulière-
ment dans les songes, dans lesquels ce que nous
avons vu se présente plus à nous que ce que nous
avons entendu, ou les autres sensations. C'est pourquoi, quand les onguents transforment les esprits
visuels, cet esprit communique facilement ses impressions à l'imagination, laquelle, ayant reçu
diverses espèces et formes, elle les renvoye par le
même esprit au sens extérieur de la vue, et pour
lors il se forme en lui une sensation à sa manière,
de telles espèces et formes comme s'il était poussé
par des objets étrangers ; de sorte qu'il croit voir
des images terribles des Démons et autres choses
semblables.

« Ainsi, ce sont les onguents ou collires qui nous
font voir d'abord des ombres dans l'air et ailleurs,
comme je sais moi-même en faire de fiel d'homme,
des yeux d'un chat noir et de certaines autres choses. L'on en fait un semblable de sang de huppe, de
chauve-souris et de bouc, et l'on dit qu'en oignant

un miroir d'acier de suc d'armoise et le parfumant, il représente les esprits qu'on demande.

« L'on fait aussi de cette manière des parfums et
des onctions qui font parler ceux qui dorment, les
font marcher, et leur font faire tout ce que font
ceux qui ne dorment pas, et même des choses que
ceux-ci auroient de la peine à faire ou qu'ils n'en-
treprendroient pas. Il y en a qui nous font entendre
de sons qui n'ont jamais été, et d'autres choses ;
c'est pourquoi les mélancholiques croient voir et
entendre extérieurement ce que leur imagination
phantastique ne fait que leur forger ou représenter
intérieurement ; ainsi ils craignent ce qui n'est point à
craindre, et tombent dans des soupçons particuliers
et très faux ; ils s'enfuient sans qu'on les poursuive ;
ils se mettent en colère et se battent sans voir
personne.

« Les passions de Magie peuvent aussi faire de
ces sortes de compositions par les parfums, par les
onguents, par les potions, par des lampes et des
lumières, par des miroirs, par des images, par des
enchantements et par des vers, par des sons et des
concerts de certaines cordes, composez avec une
certaine harmonie ; par différentes observations et

cérémonies, par des superstitions, etc. Par ces artifices, on ne fait pas seulement paroître les passions ; il ne se fait pas seulement des apparitions et
des ressemblances, mais on change même les choses et les hommes, et on les transforme en différentes formes, comme les Poëtes font mention de
Protée, de Périclimène, d'Achelaüs et de Métra,
la fille d'Erisichton. Ainsi Circé changea les com-
pagnons d'Ulysse ; et autrefois les hommes se
changeoient en loups, ayant goûté de ce qui avait
été sacrifié à Jupiter, ce que Pline dit être arrivé à
un certain Demarchus. Saint Augustin en parle de
même, et dit qu'il avoit appris qu'il y avoit des
femmes en Italie qui, faisant manger aux passants
du poison dans du fromage, les changeoient en bêtes ; et, après leur avoir fait porter les fardeaux
qu'elles vouloient, les faisoient revenir en hommes ; et que cela s'est fait dans la personne d'un
nommé Prestancius ; et l'on voit dans l'Ecriture
sainte que les magiciens de Pharaon changèrent
leurs verges en dragons et le sang en eau, et bien
d'autres choses. »

53. — Dans son *Encyclopédie de la folle,*

Pierquin de Gembloux cite des cas très nombreux de surexcitation mentale où les plantes, sous forme d'émanations, de parfums, d'onguents, etc., jouèrent et jouent toujours un rôle considérable.

On a connu dès la plus haute antiquité, dit-il (1), l'usage d'aliéner volontairement la raison, au point de produire consécutivement une véritable folie. Les prêtres, les sibylles, les pythonisses se servaient de ces moyens, ainsi que la plus grande partie de nos sorciers et de nos possédés, pour en imposer à la crédulité populaire. Les Pythies, par exemple, mâchaient continuellement les feuilles d'un certain laurier qui les plongeaient dans un état voisin de l'extase ; celles du temple de Delphes obtenaient le même résultat en respirant le gaz qui s'échappait de l'antre sur lequel elles rendaient leur oracles. Les Derviches prennent en infusion les feuilles du bangue ou bengé, espèce de chanvre, et possédés d'une idée religieuse, ils obtiennent des visions extatiques on ne peut plus propres à séduire le peuple.

Le docteur Sims parle d'une folie qui se développe chez les Indiens qui mâchent la racine du

(1) *Traité de la folie des animaux et de ses rapports avec celle de l'homme*, Paris, 2 vol. in 8.

datura stramonium ; Kœmpfer dit que, pour se procurer aussi des visions extatiques, on emploie encore les feuilles et le pollen du bengé dont nous parlions tout à l'heure ; Rœde rapporte le même fait. Le moloch, chez les musulmans, le majuh chez les Indiens, et quelques autres préparations analogues, boissons, onguents, parfums, fumigations, emplâtres, etc. (52), servent aux mêmes usages dans plusieurs contrées de l'Orient.

Quant à ce qui concerne spécialement les émanations végétales ou minérales (gazéiformes), le phénomène découvert par un berger à l'autel de la Pythie de Delphes s'est reproduit fréquemment depuis. En avril 1828, les ouvriers de la houillère de Seraing (Hollande) furent momentanément enfermés dans le souterrain par un éboulement. Lorsque, à force de soins et de travaux pénibles, on les eut enfin rendus à la lumière, on les trouva plongés dans un état complet d'ivresse on ne peut plus analogue à la folie, et qui, comme dans plusieurs cas de vésanies, se termina par un accès de fièvre. On a remarqué presque partout que les mêmes causes produisent le même résultat ; on a dit aussi que ces phénomènes s'observaient encore chez les ouvriers qui travaillent aux mines. Il paraît même, d'après Humboldt, qu'au Pérou les mineurs sont en proie à une folie toute particulière ; en Ecosse on observe également un désordre intellectuel spécial produit par les émanations saturnines, et que l'on nomme mill-Renk.

C'est ainsi que, sous forme d'effluves, de vapeurs, des miasmes s'échappent du charbon, des oxydes métalliques, des couleurs, etc., causes évidentes de folies artificielles ; quelques auteurs pensent même que les sels mercuriels en vapeurs peuvent aller jusqu'à produire un délire avec penchant à la fureur. Le docteur Holst, dans sa statistique des aliénés de Norvège, publiée en 1828, dit positivement que plusieurs individus soumis aux émanations du *foin*, pendant leur sommeil, ont été subitement pris d'une folie incurable (29). Le docteur Dumont cite le cas d'une femme qui portait au bras un ulcère cancéreux ; on applique sur cet ulcère une feuille de belladone ; à l'instant la malade croit apercevoir des milliers de rats sortant de la muraille, du plancher voisin, et s'élancer sur son lit pour la dévorer. On enlève la feuille de datura, et sur le champ l'illusion s'évanouit.

L'abbé Pierquin a donné plusieurs des formules
pharmaceutiques employées par qui voulait assister
au sabbat : « Les sorciers, dit-il, pour courir avec plus
de vitesse et sans lassitude lorsqu'ils allaient au
sabbat, se frottaient le corps avec une pommade
composée de mandragore (33) pulvérisée, de jus
d'ache, de pavots, de panais sauvage et de quelques
autres herbes semblables ; mais bien loin d'être
enlevés par la cheminée et de courir en l'air, sur
un manche à balai, ils s'endormaient simplement,
comme l'a remarqué le toxicologue Porta lui-même,
sur une malheureuse vieille sorcière qui s'oignait
ainsi tous les samedis et qu'il était impossible de
réveiller avant vingt-quatre heures de sommeil. Les
démonographes rapportent que les sorciers qui se
frottaient les tempes et le cou arrivaient au sabbat
bien avant ceux qui ne se graissaient que les jarrets... et cela se conçoit : lorsque l'onguent est
appliqué aux jarrets, ses parties coulent longtemps
dans le torrent circulatoire avant d'aller impressionner l'organe idéogénique, quel qu'il soit ; mais
quand la mixture est répandue aux tempes et au cou,
ses parties s'insinuent dans les artères carotides et
en un instant sont portées au cerveau. Elles détermi-

nent alors un profond sommeil et ces songes brillants
et lubriques qui charment les sorciers.

« Enfin l'onguent ou les onguents employés en sor·
cellerie peuvent être très nuisibles quand ils ne
sont pas préparés *secundum artem*, surtout quand
la jusquiame et la mandragore ne sont pas corri-
gées par d'autres principes ; ils peuvent causer la
paralysie ou la mort. On a vu des personnes qui
sont restées toute leur vie hémiplégiques, et d'autres qui sont mortes spontanément par l'effet de
ces poisons, — pour avoir eu la folle curiosité de se
graisser afin d'aller au sabbat. »

54. — Mais il y a mieux. Ce n'est pas seulement
aux hommes que des misérables, stupides ou in-
conscients, occasionnent des maladies ou donnent
même la mort, sous le fallacieux prétexte de leur
donner le moyen de faire une petite excursion dans
le non moins fallacieux domaine de l'Au-delà.

Les animaux, eux aussi, sont soumis de force
aux émanations de certains parfums, plus ou moins
magiques, mais dans un but tout autre, hâtons-
nous de le dire : dans les foires de la Basse-Nor-
mandie, dit Pierquin de Gembloux, les voleurs, au

moment où on compte l'argent, se placent sous le vent et jettent en l'air des cantharides, de l'euphorbe, etc., porphyrisées. Les molécules toxiques sont aussitôt portées par les courants atmosphériques dans les naseaux des animaux, qui, subitement, sont en proie à une folie furieuse : ils rompent leurs liens, s'échappent, blessent et tuent une foule d'individus ou se tuent eux-mêmes. Les malfaiteurs, profitant alors du trouble qu'ils ont provoqué et de la confusion qui règne dans toute la foire, s'empressent de soulager de leur bourse les paysans.

VII

Parfums magnétiques et somnambuliques

55. — Nous abordons ici un sujet particulière-
ment délicat, le mystérieux *transport des parfums à distance* ; ce que nous avons dit en
traitant des quatre états de la matière, au premier
chapitre de cet ouvrage, permettrait, à la rigueur,
d'expliquer approximativement le transport de ces
particules par un acte impérieux de la volonté dar-
dant à travers l'espace la matière infiniment ténue
du parfum dont il s'agit, à la condition toutefois que
l'émetteur du parfum et le récepteur soient tous
deux dans d'excellentes conditions de communica-
tion magnétique.

Mais, à la fin du présent chapitre, la question

change ; on verra que le parfum senti, goûté, absorbé par la personne qui le recevait, *n'existait pas réellement*, et que, seule, la volonté de la personne qui en transmettait l'illusion était cause du phénomène.

Comment expliquer ces faits ?

Et s'ils étaient connus des anciens (comme tout porte à le croire), quelle explication n'avons-nous pas là de l'énorme affluence des consultants dans certains temples administrés par de hautes intelligences, de véritables thaumaturges ?

Nous ne sommes pas encore assez initiés, à notre époque de politicaillerie malsaine et de *struggle for the coffre-fort*, dans les arcanes de la nature, pour oser même aborder un semblant d'élucidation de phénomènes de ce genre. Mais comme ils sont tout à fait à leur place ici, dans ce livre où il n'est question que de *parfums magiques*, nous allons citer tout au long deux passages d'un livre fort curieux que nous possédons, — sans nom d'auteur, mais écrit avec beaucoup de science et une entière bonne foi, — intitulé : « *Entretiens sur le magnétisme animal et le sommeil magnétique, dit somnambulique* (359 pages in-8°) ; Paris, 1823 ;

chez Deschamps, libraire, rue Saint-Jacques, 160,
et chez l'auteur, rue Royale, 13 (Place Louis XV). »
C'est un médecin, excellent magnétiseur, qui développe les principes et les principaux phénomènes
du magnétisme à un interlocuteur désireux de
s'instruire, dans une série de douze entretiens formant autant de chapitres.

Nous extrayons ce qui suit du NEUVIÈME ENTRETIEN
page 189 :

« LE DOCTEUR. — Vous vous souvenez que, dans
notre dernier entretien, je vous ai fait connaître
comment, de chez moi, par ma seule volonté, j'a-
vais endormi une de mes somnambules chez elle,
près du Théâtre-Français, en deux minutes dix-
huit secondes : je m'étais parfaitement rendu raison du principe de ce phénomène; mais je n'aurais
pas préjugé qu'à cette même distance je pusse être
instruit magnétiquement d'un accident arrivé à
cette somnambule.

Voici le récit fidèle de ce qui m'est arrivé le mercredi 9 septembre 1822, et des lumières que j'ai
tirées de cette somnambule sur ce phénomène.

A neuf heures et demie du soir, pendant que je
mettais au net la dernière consultation de cette

somnambule, je sentis sous mon nez, à plusieurs
reprises, des bouffées d'odeur de vulnéraire. Mon
épouse et ma fille qui, dans cette saison, sont ha-
bituellement à la campagne, se trouvant ce jour-là
même, par extraordinaire, à Paris, j'allai voir s'il
était arrivé à l'une d'elles un accident qui eût nécessité l'emploi du vulnéraire : je les trouvai fort
tranquilles, et je ne sentis pas chez elles cette odeur.
Je me remis à mon bureau ; j'éprouvai la même
sensation. Ma domestique entra à ce moment chez
moi ; il ne lui était également rien arrivé d'extraordinaire, et elle ne s'aperçut même pas qu'il y eût
dans ma chambre une odeur de vulnéraire. Je lui
dis alors : « Je suis certain qu'il est arrivé un accident à une de mes somnambules, et qu'elle se sert
en ce moment de vulnéraire. »

Je ne savais pas trop cependant comment cette
odeur avait pu me parvenir ; mais ma confiance
dans les moyens magnétiques est telle, et d'ailleurs
cet événement était si surprenant, que je ne pouvais pas douter qu'il ne fût l'effet d'une communi-
cation magnétique.

Il était trop tard pour que j'allasse sur le champ
m'assurer du fait. Quoique j'aie plusieurs somnam-

bules, mes idées se fixèrent sur celle que j'avais
endormie de chez moi, parce qu'elle est la plus
étourdie et la plus magnétique, et parce que, d'ailleurs, je la magnétise plus souvent que les autres,
et qu'elle a en moi une confiance illimitée. Elle
possède en outre un anneau magnétique, dont la
puissance nous amènera nécessairement à la partie
la plus merveilleuse du magnétisme.

. Je vous ai déjà dit qu'en mettant cet anneau sur
sa tête pendant la nuit, cette somnambule pouvait
empêcher son noctambulisme; mais vous saurez
aussi qu'avec cet anneau elle s'endort somnambu-
liquement et se réveille à volonté hors de ma présence ; *et qu'en le mettant dans l'eau, elle se
compose toutes les boissons, tous les liquides et
même toutes les pommades dont elle peut avoir
besoin pour sa santé.* Vous jugez déjà que cela
nous mènera fort loin.

Le lendemain matin, j'allai de très bonne heure
chez cette somnambule ; elle fut très étonnée quand
je lui demandai si, la veille, il ne lui était pas arrivé
un accident, et si le soir, à neuf heures et un quart
environ, elle n'avait pas fait usage de vulnéraire ?
Elle convint qu'elle avait effectivement bu, à cette

11.

heure, du vulnéraire qu'elle avait fait avec son anneau magnétisé, parce qu'elle avait, en se couchant, éprouvé des coliques pour avoir mangé des pommes crues, dont elle me montra les pelures. Ce remède me surprit; mais l'essentiel pour moi étant de m'assurer du fait du vulnéraire, je n'y fis pas plus d'attention ; d'ailleurs j'étais pressé, et elle m'assura qu'elle se portait bien : je ne l'endormis pas. J'allai chez elle le surlendemain matin, et je l'endormis. Je sus alors qu'elle ne m'avait pas dit la vérité : c'était une chute qu'elle avait faite la surveille au soir chez elle. Elle avait craint de me le dire, de peur que je ne la grondasse de sa maladresse.

Cet événement est d'une telle importance, que je crois nécessaire, pour votre instruction, de vous lire la partie de mon journal où je l'ai consigné. Vous y verrez d'ailleurs réunis les phénomènes les plus intéressants du magnétisme humain.

EXTRAIT DU JOURNAL DE MES CONSULTATIONS

Du mercredi 11 septembre 1822.

A neuf heures trente secondes, un seul regard d'intuition. — A neuf heures trois minutes : « Je dors. »

Demande : — Bien ?

Réponse : — Oui, monsieur.

D. — Comment allez-vous ?

R. — Je ne vais pas mal.

D. — Avez-vous encore eu des coliques ?

R. — Je n'en ai plus senti ; mais j'ai eu mal au côté et à la tête, mon côté me fait encore mal. Je ne vous avais pas dit que j'avais tombé.

D. — Quand êtes-vous tombée ?

R. — Avant-hier soir.

D. — Où ?

R. — Dans ma chambre.

D. — De quelle manière ?

R. — J'étais montée sur une chaise ; je voulais attraper une punaise, et j'ai tombé à la renverse.

D. — De votre hauteur ?

R. — Oui, monsieur.

D. — A quelle heure ?

R. — *A neuf heures du soir à peu près :* je croyais être tuée.

D. — Qu'avez-vous fait, pour cela ?

R. — J'ai bu du *vulnéraire*, et je me suis frotté la tête et le côté avec de l'eau et du vulnéraire dedans, et de la boule de Nancy, et j'en ai mis des compresses. Je n'ai pas eu de bosses, parce que je me suis frotté la tête tout de suite, *et je me suis magnétisé la tête.*

D. — Avec quoi avez-vous fait tout cela ?

R. — Avec l'anneau.

D. — Comment donc aviez-vous pu tomber ainsi ?

R. — J'étais au pied du lit ; la chaise a glissé du côté de la porte, et j'ai tombé dans la chambre ; la tête a porté sur le carreau, et le côté sur le bout du lit.

D. — Vous êtes-vous aussi magnétisé le côté ?

R. — Oui, monsieur ; et il a été plus maltraité que la tête, parce qu'il a eu plusieurs coups : il a d'abord cogné sur le lit et ensuite par terre.

D. — Pourquoi ne m'avez-vous pas dit cela, hier ?

R. — Je craignais que vous ne me grondiez.

D. — Vous avez eu très tort : vous savez bien que ma première pensée eût été de vous soulager. Est-il nécessaire que je vous magnétise ?

R. — Je le veux bien ; mais ça va vous fatiguer.

D. — C'est égal. Je vais vous magnétiser.

R. — Vous me magnétiserez à la fin.

D. — Que buvez-vous, depuis hier matin ?

R. — Je continue toujours mon vulnéraire ; mais il n'y a pas de danger.

D. — Vous êtes-vous consultée ?

R. — Je me suis consultée le lendemain matin : je n'ai pu le soir même ; mais j'ai fait tout ce qu'il fallait ; j'ai mis des compresses sur la tête et sur le côté. Je n'ai pas dormi ; ma tête était comme une pomme cuite ; ça me brûlait comme du feu ; j'ai été obligée de me lever toute la nuit ; je ne pouvais pas y tenir.

D. — Avez-vous eu des coliques, comme vous me l'avez dit hier ?

R. — J'ai eu des coliques aussi ; mais ce n'est pas pour ça que j'ai pris du vulnéraire.

Je l'ai alors magnétisée.

Je lui ai d'abord magnétisé le derrière de la tête, sur lequel elle était tombée, en mettant une main à cet endroit et l'autre sur le front ; elle a beaucoup souffert et pleuré, et elle appuyait fortement ses mains sur les miennes ; petit à petit sa douleur cessa. J'ai ensuite fait la même chose pour sa hanche gauche, en mettant une main dessus et l'autre sur sa hanche droite : elle a encore souffert et pleuré davantage, et appuyé avec ses mains ; je craignais qu'elle ne se trouvât mal. Mais enfin la douleur a également cessé. Le sang qui s'était arrêté dans la tête s'est porté au-dessous de la mâchoire gauche. J'ai magnétisé cet endroit pour faire couler le sang, et lui ai fait des passes de ce côté du corps, quand la mâchoire a été débarrassée. Elle m'a dit que c'était inutile pour le côté.

D. — Eh bien, comment vous trouvez-vous actuellement ?

R. — Je me sens très bien ; je ne sens plus de douleurs.

D. — Combien ai-je mis de temps à vous magnétiser ?

R. — Douze minutes.

(Mais il m'a fallu, dans ces douze minutes, plus de temps pour le côté que pour la tête.)

D. — Le sang a-t-il repris son cours ?

R. — Oui, monsieur : à la tête, il s'est porté à la mâchoire, et ensuite ce que vous avez fait l'a fait couler dans les veines ; et, au côté, il a coulé tout de suite par les voies ordinaires. Hier matin, mon urine était comme du sang.

D. — Votre sang était-il caillé ?

R. — Non, monsieur, à cause de ce que j'ai fait tout de suite.

D. — Si je ne vous eusse pas magnétisée, se serait-il caillé ?

R. — Non, monsieur ; mais il aurait tourné en humeur, et aurait fait un dépôt à la tête et au côté, au commencement de l'aine.

D. — Aurait-il encore été temps demain de vous magnétiser ?

R. — Oui, monsieur ; mais après-demain il n'aurait plus été temps.

D. — Aurait-il fallu vous saigner ?

R. — La saignée n'aurait rien fait ; au contraire, elle aurait fait du mal, parce que vous mêlez le sang bon avec le mauvais.

D. — Que buvez-vous actuellement ?

R. — Je prendrai, aujourd'hui et demain, du tilleul et de la boule de Nancy.

D. — Pourquoi cela, si votre sang est coulé ?

R. — Pour le tranquilliser et l'éclaircir, parce qu'il est troublé par la secousse qu'il a reçue ; mais il n'y a plus rien du tout, il n'y a plus de douleur, je ne sens plus rien ; il n'y a plus de danger.

D. — Les places des coups sont-elles encore noires ?

R. — Il n'y avait pas de noir ; je l'avais empêché en magnétisant, et avec les compresses ; mon sang n'était pas caillé, mais il était arrêté à cause de la meurtrissure, et il aurait formé un dépôt.

D. — Pourquoi donc ai-je senti chez moi l'odeur du vulnéraire au moment où vous en avez fait usage ?

R. — C'est que votre fluide... Voyez-vous, quand j'ai tombé, j'ai pensé à vous ; j'aurais désiré que vous fussiez ici : alors votre fluide, qui est chez moi, a communiqué avec le vôtre chez vous ; et plus vous pensiez à moi, plus vous sentiez le vulnéraire.

D. — Combien mon fluide a-t-il mis de temps à venir de chez vous chez moi ?

R. — Quand j'ai tombé, il était plus de neuf heures ; et quand vous avez plus senti, il était neuf heures un quart. En pensant à vous, la force de ma pensée repousse votre fluide chez vous ; quand je me suis relevée, j'ai bu du vulnéraire : et, pendant tout ce temps-là, je pensais à vous.

D. — L'anneau avait-il encore beaucoup de mon fluide ?

R. — Oui, monsieur; l'anneau a été magnétisé, et était plein de votre fluide.

D. — Est-ce le fluide de l'anneau, ou celui qui était chez vous, qui est venu chez moi ?

R. — C'est plus le fluide de l'anneau que celui que j'ai chez moi.

D. — Pourquoi ne sens-je pas l'odeur de tout ce que vous buvez, quand vous magnétisez l'eau avec l'anneau ?

R. — Quand je ne fais que magnétiser l'eau comme à l'ordinaire, vous ne devez pas sentir, parce qu'alors il n'y a pas de volonté, et que je ne pense pas à vous. C'est la Providence, c'est la nature qui 'fait tout cela.

D. — Je crois, comme vous, que c'est la Providence, la nature qui fait tout cela ; mais elle n'a pas fait un miracle pour vous et pour moi. Si cela m'est arrivé, probablement cela peut de même arriver à tous les magnétiseurs, en pareille circonstance ?

R. — Non, monsieur. Cela n'arrive que quand on a une grande confiance : il faut croire comme on croit au soleil. Vous seriez à cent lieues d'ici, si je pensais à vous, *et que j'aie quelque chose de ma-gnétisé par vous*, vous sauriez s'il m'arrive des accidents ; et même, surtout, si vous aviez des cheveux à moi sur vous.

(J'en ai presque toujours, parce que j'ai un double anneau garni de ses cheveux, que je porte sur moi, pour en avoir un toujours prêt dans l'occasion.)

D. — Pourquoi mon fluide met-il plus de temps à venir de chez vous chez moi, que de chez moi chez vous ?

R. — Il faut le double de temps, parce que j'ai une trop petite quantité de votre fluide.

D. — Faut-il que vous pensiez à me l'envoyer ?

R. — Oui, monsieur, et j'y ai pensé.

D. — Vous dites que, quand je vous endors, mon fluide et le vôtre se réunissent ensemble, et que le mien engourdit le vôtre ; est-ce qu'il n'est pas nécessaire, pour vous endormir aussi promptement que je le fais, qu'il y ait déjà chez vous une portion de mon fluide qui attire le mien propre, pour déterminer votre sommeil ?

R. — Oui. c'est nécessaire ; car tant que je n'ai pas eu assez de votre fluide, vous avez été très longtemps à m'endormir : plus j'en ai eu, mieux je me suis portée, et je me suis endormie plus promptement. Pensez donc à toute la peine que vous avez eue à m'endormir, et à toute votre fatigue !

D. — Est-il indifférent que ma fenêtre et la vôtre soient ouvertes ou fermées, quand je veux vous endormir de chez moi ? Le temps serait-il le même dans ces deux cas, pour que mon fluide arrivât jusqu'à vous ?

R. — C'est inutile que nos fenêtres soient ouvertes ; c'est le même temps : vous seriez dans un souterrain, que vous m'endormiriez ; le fluide passe partout.

Du 12 septembre 1822.

D. — Quand vous avez pris votre vulnéraire, la partie de mon fluide qui était chez vous a donc été un quart d'heure à venir chez moi, puisque votre accident est arrivé à neuf heures, et que je n'ai senti le vulnéraire qu'à neuf heures un quart ?

R. — Vous ne l'avez senti qu'un quart d'heure après, parce que c'est à force de magnétiser de l'eau et de penser à vous, que le fluide est allé chez vous ; mais il ne faut que le double du temps qu'il met à venir de chez vous chez moi, etc., etc.

Page 214. — « Il faut croire que l'intérêt continuel

que je portais à cette fille, les fréquentes magnéti-
sations que je lui faisais, et l'eau magnétisée qu'elle
buvait, l'avaient identifiée avec mon fluide. Je ne
puis attribuer qu'à cette cause les phénomènes dont
je vais vous faire part.

Un matin que nous étions à la campagne, elle
vint me dire qu'elle m'avait vu en rêve, et que je
lui avais ordonné de boire du houblon, en l'assurant que cela seul pouvait la guérir. Je l'engageai à
suivre cet avis, et à le regarder comme une inspi-
ration naturelle : elle le suivit.

A quelque temps de là, toujours à la campagne,
elle eut une autre vision, dans laquelle je lui or-
donnais de cesser le houblon et de boire de l'absinthe. Je lui donnai le même conseil.

Nous revînmes à Paris.

Je lui demandai un soir si elle buvait son absinthe ; elle n'en avait pas même fait. J'avais juste-
ment de l'absinthe chez moi : j'en mettais de temps
à autre dans ma bouche pour me fortifier l'estomac. Il me vint dans l'idée de faire une épreuve ;
je savais par expérience qu'en magnétisant de l'eau
pendant que j'avais dans la bouche une liqueur
quelconque, je donnais à l'eau le goût de cette li-

queur ; je mis un peu de cette absinthe dans ma bouche, je magnétisai un verre d'eau, et j'en fis boire à cette jeune fille.

Elle fut dans un étonnement extrême en trouvant à cette eau le goût d'absinthe ! elle la rejeta, tant elle la trouvait amère, et ne voulait plus en boire : je parvins cependant à lui faire boire le verre, et l'engageai à en faire infuser.

Je gardai cette absinthe dans ma bouche toute la nuit.

Le lendemain matin, cette fille n'avait pas préparé d'absinthe ; je lui magnétisai encore un verre d'eau, sans être bien assuré que mon absinthe fût assez forte pour produire le même effet que la veille : l'effet cependant fut le même, et elle but également le verre. Je jetai mon herbe de la bouche, et n'y en remis pas.

Enfin, le soir, cette fille n'ayant pas encore fait d'absinthe, je magnétisai à tout hasard de l'eau, dans l'intention de lui donner au moins la vertu de cette plante, si je n'en produisais pas le goût : notre surprise fut égale à tous deux, quand elle m'assura que cette eau avait le même goût que celle du matin et de la veille. Cette fille ne voulait pas croire que je n'eusse pas d'absinthe dans ma bouche.

Ce phénomène fut pour moi un trait de lumière et pour cette fille un sujet d'admiration et de condescendance. Je voulus cependant me bien assurer de sa réalité : je magnétisai de l'eau à différentes fois dans la journée, et pour elle et pour moi ; elle y trouvait toujours des goûts différents : c'était tantôt du bouillon, tantôt de l'eau rougie ou du vin pur ; et, toujours à trois heures, le matin et le soir, pour elle, de l'absinthe.

Depuis ce moment, elle n'a bu pour son traitement que de l'eau magnétisée, dont le goût changeait suivant les divers degrés de sa maladie, et qui lui produisait pour ses repas, soit de l'eau rougie, soit du vin pur, selon ses besoins. Et moi-même, dans mes indispositions comme dans mon état de santé, je ne buvais que de l'eau qu'elle me dégustait : de sorte que nous étions journellement au courant de notre santé, par la nature de la boisson que je composais.

Page 287. — « On m'avait servi à mon déjeuner du poisson qui n'était pas frais ; sa mauvaise odeur se répandit dans la pièce. Quand on m'eut desservi je pensai à faire brûler du genièvre, pour absorber cette espèce de méphitisme. N'ayant plus de feu chez moi, je n'eus pas la patience d'attendre qu'on m'en apportât : j'ouvris la croisée, pour faire évaporer cette odeur. A peine eus-je ouvert cette croisée, je sentis sous mon nez, pendant près d'un quart d'heure, une *odeur d'encens très agréable.* Je consultai à ce sujet ma somnambule habituelle : elle me dit que mon fluide avait obéi à mon intention ; et qu'il avait produit de l'encens parce que cet aromate est meilleur que le genièvre pour ôter la mauvaise odeur.

Ce n'est pas, comme vous croyez, un miracle, et encore moins une féerie, un enchantement, puisque je ne pensais même pas à l'encens : c'est un besoin sympathiquement satisfait par mon fluide, sur ma seule intention de faire disparaître cette odeur, qui pouvait me nuire. »

Que penser de ces faits ?...

Les nier ? les discuter ?

On ne discute une question que lorsqu'on en possède, au moins en partie, les éléments. Or, à force de discuter le magnétisme, on est allé jusqu'à mettre son existence en doute, jusqu'à la nier, malgré les preuves éclatantes qu'il en a données.

Comment discuter les phénomènes étranges accomplis par les docteurs Richet, Charcot, Luys et autres ?

La foi de l'apôtre saint Thomas s'impose ici : on a *vu* ; tout le monde a *vu* et *touché*, depuis les plus grands savants jusqu'aux plus humbles personnalités. A quoi servirait de nier ? L'explication de ces phénomènes viendra plus tard, à son jour ; il serait absurde de nier ce qu'on ne peut comprendre. A ce compte-là, quarante-neuf mille neuf cent quatre-vingt-dix-neuf Européens, sur cinquante mille, pourraient nier l'existence de la télégraphie sans fils ; car il n'y a pas, sans doute, en Europe, un individu sur cinquante mille qui en connaisse le principe.

TABLE DES MATIÈRES

III

IMPRIMERIE F. DEVERDUN, BUZANÇAIS (INDRE).

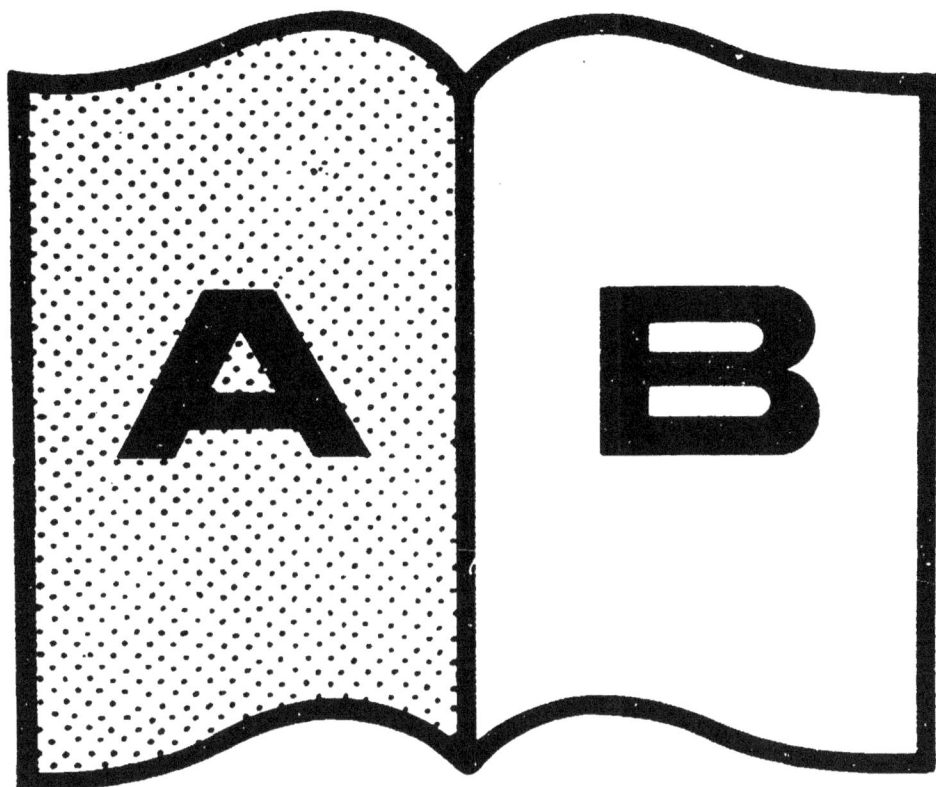

Contraste insuffisant

NF Z 43-120-14

www.ingramcontent.com/pod-product-compliance
Lightning Source LLC
Chambersburg PA
CBHW060030100426
42740CB00010B/1671